Lösungsschli

zum

Lehr- und

deutschen Grammatik

Neubearbeitung

Verlag für Deutsch

Dieser Lösungsschlüssel folgt den
Regeln der neuen Rechtschreibung.

4.   3.   Die letzten Ziffern
1999 98 97   bezeichnen Zahl und Jahr des Druckes.
Alle Drucke dieser Auflage können, da unverändert,
nebeneinander benutzt werden.

1. Auflage
© 1996 VERLAG FÜR DEUTSCH
Max-Hueber-Str. 8, D-85737 Ismaning
Druck und Bindung: DONAU DRUCK Regensburg GmbH
Printed in Germany
ISBN 3-88532-718-X

§ 1

Übung 1: Ich höre / Wir hören den Hund / das Kind / die Verkäuferin / die Nachricht / das Flugzeug / den Lastwagen / das Motorrad / den Autobus / die Lehrerin. – Ich sehe / Wir sehen den Hund / das Kind / das Buch / die Verkäuferin / das Flugzeug / den Lastwagen / das Motorrad / den Autobus / die Lehrerin. – Ich rufe / Wir rufen den Hund / das Kind / die Verkäuferin / die Lehrerin. – Ich lese / Wir lesen das Buch / die Nachricht. – Ich frage / Wir fragen das Kind / die Verkäuferin / die Lehrerin.

Übung 2: 1. Der Wirt (N) serviert dem Gast (D) die Suppe (A). 2. Der Ingenieur (N) zeigt dem Arbeiter (D) den Plan (A). 3. Der Briefträger (N) bringt der Frau (D) das Päckchen (A). 4. Der Chef (N) diktiert der Sekretärin (D) den Brief (A). 5. Der Lehrer (N) erklärt dem Schüler (D) die Regel (A).

Übung 3: Er zeigt 1. der Mutter die Schule. 2. dem Politiker den Stadtpark. 3. dem Redakteur den Zeitungsartikel. 4. dem Mädchen die Hausaufgabe. 5. dem Freund das Zimmer. 6. dem Minister das Rathaus. 7. der Hausfrau den Staubsauger. 8. dem Käufer den Computer.

Übung 4: Das ist 1. das Fahrrad der Schülerin. 2. der Motor der Maschine. 3. das Ergebnis der Prüfung. 4. die Tür des Hauses. 5. das Foto der Schulklasse. 6. das Auto des Lehrers. 7. die Wohnung der Dame. 8. das Schulbuch des Kindes. 9. das Haus der Arbeiterfamilie. 10. das Instrument des Musikers.

Übung 5: Wir hören die Hunde / die Kinder / die Verkäuferinnen / die Nachrichten / die Flugzeuge / die Lastwagen / die Motorräder / die Autobusse / die Lehrerinnen. – Wir sehen die Hunde / die Kinder / die Bücher / die Verkäuferinnen / die Flugzeuge / die Lastwagen / die Motorräder / die Autobusse / die Lehrerinnen. – Wir rufen die Hunde / die Kinder / die Verkäuferinnen / die Lehrerinnen. – Wir lesen die Bücher / die Nachrichten. – Wir fragen die Kinder / die Verkäuferinnen / die Lehrerinnen

Übung 6: 1. Der Mieter widerspricht dem Hausbesitzer. – Die Mieter widersprechen den Hausbesitzern. 2. die Schülerin ... dem Lehrer – die Schülerinnen ... den Lehrern 3. der Geselle ... dem Meister – die Gesellen ... den Meistern 4. die Lehrerin ... dem Schulleiter – die Lehrerinnen ... den Schulleitern 5. der Fußballspieler ... dem Schiedsrichter – die Fußballspieler ... den Schiedsrichtern 6. der Sohn ... der Mutter – die Söhne ... den Müttern 7. der Enkel ... dem Großvater – die Enkel ... den Großvätern 8. die Krankenschwester ... dem Arzt – die Krankenschwestern ... den Ärzten

Übung 7: 1. Der Hausbesitzer widerspricht dem Mieter. – Die Hausbesitzer widersprechen den Mietern. 2. der Lehrer ... der Schülerin – die Lehrer ... den Schülerinnen 3. der Meister ... dem Gesellen – die Meister ... den Gesellen 4. der Schulleiter ... der Lehrerin – die Schulleiter ... den Lehrerinnen 5. der Schiedsrichter ... dem Fußballspieler – die Schiedsrichter ... den Fußballspielern 6. die Mutter ... dem Sohn – die Mütter ... den Söhnen 7. der Großvater ... dem Enkel – die Großväter ... den Enkeln 8. der Arzt ... der Krankenschwester – die Ärzte ... den Krankenschwestern

Übung 8: Das sind 1. die Fahrräder der Schülerinnen. 2. die Motoren der Maschinen. 3. die Ergebnisse der Prüfungen. 4. die Türen der Häuser. 5. die Fotos der Schulklassen. 6. die Autos der Lehrer. 7. die Wohnungen der Damen. 8. die Schulbücher der Kinder. 9. die Häuser der Arbeiterfamilien. 10. die Instrumente der Musiker.

Übung 9: 1. den Politikern 2. den Helfern 3. den Apfeldieben 4. den Mietern 5. den Freunden 6. den Pflanzen 7. den Bäumen 8. den Reitern 9. den Lehrern 10. den Mädchen 11. den Einbrechern

Übung 10: Ich höre einen Hund / ein Kind / eine Verkäuferin / eine Nachricht / ein Flugzeug / einen Lastwagen / ein Motorrad / einen Autobus / eine Lehrerin. – Ich sehe einen Hund / ein Kind / ein Buch / eine Verkäuferin / ein Flugzeug / einen Lastwagen / ein Motorrad / einen Autobus / eine Lehrerin. – Ich rufe einen Hund / ein Kind / eine Verkäuferin / eine Lehrerin. – Ich lese ein Buch / eine Nachricht. – Ich frage ein Kind / eine Verkäuferin / eine Lehrerin.

Übung 11: 1. Der Handball gehört einem Sportverein. 2. der Koffer ... einem Kaufmann 3. der Kinderwagen ... einer Mutter 4. das Herrenfahrrad ... einem Studenten 5. die Landkarte ... einer Busfahrerin 6. die Puppe ... einem Mädchen 7. die Trompete ... einem Musiker 8. der Schlüssel ... einer Mieterin 9. das Kochbuch ... einer Hausfrau 10. die Badehose ... einem Schwimmer

Übung 12: Hier demonstrieren 1. die Krankenpfleger einer Klinik. 2. die Arbeiter einer Fabrik. 3. die Studenten einer Universität. 4. die Schülerinnen eines Gymnasiums. 5. die Kassierer einer Sparkasse. 6. die Mitglieder einer Partei. 7. die Musiker eines Orchesters. 8. die Mitarbeiter eines Supermarktes.

§ 2

Übung 1: 1. den Bären 2. dem Neffen 3. den Demonstranten 4. dem Laien 5. den Satelliten 6. den Präsidenten 7. dem Zeugen 8. den Doktoranden 9. den Stoffhasen 10. den Lotsen 11. den Experten 12. den Fotografen 13. den Kunden 14. den Riesen Goliath

Übung 2: 1. Der Ingenieur konstruiert einen Automaten. 2. Ein Demonstrant beschimpft den Bundespräsidenten. 3. Der Fürst befiehlt dem Bauern. 4. Der Drucker druckt die Zeitung. 5. Der Richter befragt den Zeugen. 6. Der Löwe frisst den Hasen. 7. Der Polizist verhaftet den Studenten. 8. Der Aufseher befreit den Gefängnisinsassen. 9. Der Reporter befragt den Diplomaten. 10. In dem Wort fehlt ein Buchstabe. 11. Der Nachbar füttert den Hund. 12. Der Student liest das Buch. 13. Die Mücke sticht den Jungen. 14. Dem Patienten tut der Kopf weh. 15. Ein Bauer schreibt sein Testament für den Erben. 16. Der Bäcker bäckt den Kuchen. 17. Der Herr verkauft den Sklaven. 18. Ein Philosoph streitet sich niemals mit einem Narren. 19. Der Verkäufer fragt den Kunden nach seinen Wünschen. 20. Der Briefträger bringt den Einwohnern die Post.

Übung 3: 1. Hasen 2. Herzen 3. Menschen 4. Löwen 5. Nächsten 6. Riesen 7. Gedanken

Übung 6: 1. vom Griechen, dass er gern handelt 2. vom Deutschen, dass er gern Bier trinkt 3. vom Holländer, dass er sparsam ist 4. vom Japaner, dass er besonders höflich ist 5. vom Türken, dass er besonders tapfer ist 6. vom Italiener, dass er die Musik liebt 7. vom Chinesen, dass er besonders fleißig ist 8. vom Araber, dass er ein guter Reiter ist 9. vom Polen, dass er gern und gut tanzt 10. vom Spanier, dass er stolz ist 11. vom Engländer, dass er morgens gern gut und kräftig isst. 12. vom Ungarn, dass er sehr musikalisch ist 13. vom Franzosen, dass er gern und gut kocht 14. vom Österreicher, dass er Mehlspeisen liebt 15. vom Schweizer, dass er gern wandert

Übung 7: Pistolenmann (N), Hausfrau (N), Stadtteils Bornheim (G), Montag (D), Bekanntschaft (A), Räuber (D), Frau (N), Elektrogeräte (A), Haushalt (D), Mutter (G), Annonce (A), Zeitung (A), Tag (D), Herr Schäfer (N), Besuch (A), Herr (N), Sachen (A), Küchengeräte (A), Firma Moulinex (G), Radio (A), Staubsauger (A), Marke Siemens (G), Pistole (A), Tasche (D), Mantels (G), Bargeld (A), Frau (N), Stimme (D), Geld (A), Wohnung (A), Herr Schäfer (N), Polizeibericht (N), Benehmen (A)

§ 3

Übung 1: 1. einen Gebrauchtwagen, der Gebrauchtwagen, 2. eine Lederjacke, die Lederjacke 3. einen Elektroherd, der Elektroherd 4. ein Motorrad, das Motorrad 5. eine Kaffeemaschine, die Kaffeemaschine 6. eine Waschmaschine, die Waschmaschine

Übung 2: Ich brauche 1. ... Briefumschläge. Die Briefumschläge sind im Schreibtisch! 2. ... Briefmarken. Die Briefmarken sind in der Schublade! 3. ... einen Hammer. Der Hammer ist im Werkzeugkasten! 4. ... einen Kugelschreiber. Der Kugelschreiber ist auf dem Schreibtisch! 5. ... ein Feuerzeug. Das Feuerzeug ist im Wohnzimmer! 6. ... Kopfschmerztabletten. Die Kopfschmerztabletten sind in der Hausapotheke! 7. ... ein Wörterbuch. Das Wörterbuch ist im Bücherschrank! 8. ... einen Flaschenöffner. Der Flaschenöffner ist in der Küche!

Übung 3: 1. Briefe – die Briefe 2. Brötchen – die Brötchen sind 3. Zeitungen – die Zeitungen 4. Kopfschmerztabletten – die Tabletten 5. Pferde – die Pferde 6. Sessel – die Sessel sollen 7. Wohnungen – die Wohnungen 8. Brillanten – die Brillanten

Übung 4: 1. dem Schüler 2. ein Kind 3. einen Liebesroman 4. das Buch 5. eine Katze 6. das Tier 7. ein Fahrrad 8. ein Haus 9. eine Wohnung 10. einen Mieter 11. die Wohnung ist 12. ein Zimmer 13. Ist das Zimmer 14. Ein Hund bellt, eine Katze miaut.

Übung 5: 1. Das Fällen von Bäumen 2. Das Fotografieren von Militäranlagen 3. Das Reparieren von Fernsehern 4. Das Betreten von Kraftwerkanlagen 5. Das Mitbringen von Hunden 6. Das Schreiben von Rechnungen 7. Das Essen von Schnecken 8. Das Malen von Landschaften 9. Das Anfertigen von Fotokopien 10. Das Sammeln von Pilzen

Übung 6: einer – ein – ein – Der – das – das – eine – Die – der – dem

Übung 7: 1. eines Kindes – von Kindern 2. einer Person – von Personen 3. eines Pferdes – von Pferden 4. eines Vogels – von Vögeln 5. eines Autobusses – von Autobussen 6. eines Hundes – von Hunden 7. einer Katze – von Katzen 8. eines Motors – von Motoren 9. einer Uhr – von Uhren 10. eines Zuschauers – von Zuschauern

Übung 8: 1. keine Briefumschläge 2. keine Briefmarken 3. keinen Hammer 4. keinen Kugelschreiber 5. kein Feuerzeug 6. keine Kopfschmerztabletten 7. kein Wörterbuch 8. keinen Flaschenöffner

Übung 9: 1. keinen Gebrauchtwagen 2. keine Lederjacke 3. keinen Elektroherd 4. kein Motorrad 5. keine Kaffeemaschine 6. keine Waschmaschine

Übung 10: 1. - / - 2. der 3. - / - 4. den 5. - 6. der 7. Die 8. - 9. - 10. - / - 11. - / der / - 12. - / den / die 13. - 14. - / - 15. -

Übung 11: 1. - / - 2. - / die 3. - / die / - 4. Das / - 5. - / der / - 6. der 7. - / der / das 8. Die / - 9. Die / die / - / - 10. - / - / - 11. den 12. - / das 13. Die / der 14. - / Die

Übung 12: Eine / einen / einem / den / - / das / den / die / - (die) / einem / der / - / - / - / ein / der / die / - / den / - / die / der / - / den / die / - / die / die / eine / - / - / - / - / Das / - / das / eine / der / am (an dem) / den / - / dem / -

Übung 13: 1. - / - / - / - / - 2. - / - / der / - 3. - / - / - 4. - / der 5. - 6. Die / der / - 7. - / der / das 8. - / - 9. - / - / - / - / den 10. - / - / - / - 11. dem / - 12. - 13. - / - / - 14. das / die / die 15. - / - / - / - 16. - / - / 17. - / - / die 19. - / - 20. - / - / der 21. den / - / - 22. Die 23. - / - / - / die / - 24. - / - / - / - / das

Übung 14: (siehe Lehrbuch § 3, I – III); Brände (II b); ein Haus, eine Scheune, ein Stall (II a); Waldbrände (II b); von März bis Oktober (siehe Anmerkung zu III); Die Feuerwehr (I a); 1. Benzin, Heizöl oder Spiritus (III, 2 b); 2. Gardinen (II b); Vorsicht (III, 2 c); mit Kerzen oder Zigaretten (III, 2 a) 3. im Bett (I c); Brände (II b) 4. Für Bauern (III, 2 a; siehe auch Anmerkung zu III); die Regel (I a); Heu (III, 2 b); in der Scheune (I a); Heu (III, 2 b); das Wetter (I a); ein Brand (II a) 5. in Wäldern (II b); von März bis Oktober (siehe Anmerkung zu III); ein Waldbrand (II a)

§ 4

Übung 1: Er – es – er – es – er – ihm – es – ihn – ihm – sie – ihnen – Sie

Übung 2: er – ihn – Ich – sie – er – sie – mich – Du – mich – er – ihnen – er – er – sie – ihn – mir – er – er – ihm – sie – dich – dir – Ich – dir – Ihr – ihr – wir – du – mich

Übung 3: dir – mir – dir – uns – ich – dich – es – ich – dir – mir – es – es – Es – sie – ihr – es –

dir – sie – Ich – dich – ihnen – mich – mir –
euch

Übung 4:   1. dir – Es – es – mir – es 2. du –
ihm – Es – ihn 3. sie – mir – sie 4. ihr – Sie
5. sie – Ihnen – Sie 6. Ich – Ich – dich – dir
7. es – sie – sie 8. ihnen – Sie – sie – sie
9. Ihnen – Sie – Sie – Sie 10. du – ihnen – ich –
ihnen

§ 5

Übung 1 a: Meine Tasche ist … – Mein Kugel-
schreiber ist … – Mein Deutschbuch ist … –
Meine Arbeiten sind … – Meine Aufgaben sind
… – Meine Hefte sind …

Übung 1 b: Dein Hut ist … – Deine Tasche ist
… – Deine Handschuhe sind … – Dein Port-
monee ist … – Deine Brieftasche ist … – Deine
Zigaretten sind …

Übung 2:   meine/Ihre Tasche ist … – mein/Ihr
Kugelschreiber ist … – mein/Ihr Deutschbuch
ist … – meine/Ihre Arbeiten sind … meine/Ihre
Aufgaben sind … – meine/Ihre Hefte sind … –
mein/Ihr Hut ist … – meine/Ihre Tasche ist … –
meine/Ihre Handschuhe sind … – mein/Ihr
Portmonee ist … – meine/Ihre Brieftasche ist … –
meine/Ihre Zigaretten sind …

Übung 3:   Herr Müller mit seiner Frau, seinem
Sohn, seinen Töchtern, seinem Kind, seiner
Nichte – Frau Schulze mit ihren Freundinnen,
ihrer Schwester, ihrer Tochter, ihren Söhnen,
ihrem Mann, ihren Enkelkindern – Thomas
und Irene mit ihren Spielsachen, ihren Eltern,
ihrem Lehrer, ihrem Fußball, ihren Freunden,
ihrer Mutter

Übung 4:   1. Der Wagen … meinem Schwie-
gersohn. 2. Der Garten … meinen Eltern. 3. Die
Möbel gehören meinen Großeltern. Der Fernseher … meiner Untermieterin. 5. Die Bücher
gehören meiner Tochter. 6. Der Teppich … meiner Schwägerin. 7. Der Schmuck … meiner
Frau. 8. Die Schallplatten gehören meinem
Sohn.

Übung 5:   1. meine Brille; Deine Brille? Die
hast du (doch) … 2. meine Jacke; Deine Jacke?
Die hast du … 3. meine Handschuhe; Deine
Handschuhe? Die hast du … 4. meinen Schirm;
Deinen Schirm? Den hast du … 5. meinen Blei-
stift; Deinen Bleistift? Den hast du … 6. meine
Briefmarken; Deine Briefmarken? Die hast du
… 7. meinen Brief; Deinen Brief? Den hast du
…

Übung 6:   1. Ihre Brille? Die haben Sie …
2. Ihre Jacke? Die haben Sie … 3. Ihre Handschuhe? Die haben Sie … 4. Ihren Schirm?
Den … 5. Ihren Bleistift? Den … 6. Ihre Briefmarken? Die … 7. Ihren Brief? Den …

Übung 7:   1. Unser 2. Meine – ihr – meinem
3. Ihr 4. Mein – sein – mein 5. eure 6. Eure –
eure 7. Eure – eure – eure 8. mein – meinen
9. deinem – deinen 10. eurer 11. ihr – Mein –
meine 12. deine – dein 13. eure – Unsere

Übung 8:   (1. Absatz) deine Antwort; meinen
Brief; unsere Ferien; meines Onkels
(2. Absatz) Seine Einladung; deinen Bruder; seinen Bauernhof; Meine Freude; unser Plan
(3. Absatz) Meine Verwandten; ihrem Bauernhof; ihre eigene Methode; Mein Onkel; seinen
Boden; seiner Schafe und Kühe; seine Frau;
ihren Gemüsegarten; Ihr Gemüse; ihr Obst; ihre Obstbäume; ihre Äpfel und Birnen; unsere
gekauften Früchte; Ihre Hühner und Gänse;
mein Onkel; ihre Ställe; ihre Küken; deinen
kleinen Bruder
(4. Absatz) meiner Verwandten; Ihren Haushalt; ihrer Kühe; ihres Dorfes
(5. Absatz) Meine Verwandten; mein Onkel;
meine Tante; ihr Leben; ihre Arbeit; deine Meinung
dein Klaus

§ 6

Übung 1:   1. ich schicke; du heilst; er fragt;
wir legen; ihr führt; sie stellen 2. ich glaube; du
kaufst; er macht; wir weinen; ihr lacht; sie bel-
len 3. ich zähle; du spielst; er kocht; wir dre-
hen; ihr steckt; sie leben

Übung 2: 1. Ja, ich höre / er hört / wir/sie hören … die Vögel. 2. Ja, ich hole / er holt, wir/sie holen … 3. Ja, ich mache / er macht, wir/sie machen … 4. Ja, ich brauche / er braucht/ wir/sie brauchen … 5. Ja, ich lerne / er lernt / wir/sie lernen … 6. Ja, ich übe / er übt / wir/sie üben … 7. Ja, ich klettere / er klettert / wir/sie klettern … 8. Ja, ich sage / er sagt / wir/sie sagen es …

Übung 3: 1. Ja, ich habe / er hat / wir/sie haben die Vögel … gehört. 2. Ja, ich habe / er hat / wir/sie haben … geholt. 3. …gemacht 4. … gebraucht 5. … gelernt 6. … geübt 7. Ja, ich bin / er ist / wir/sie sind … geklettert. 8. Ja, ich habe / er hat / wir/sie haben … gesagt.

Übung 4: 1. brätst 2. empfiehlst 3. fängst 4. gibst 5. Hältst 6. hilfst 7. Verlässt 8. läufst 9. liest 10. nimmst 11. rätst 12. schläfst 13. sprichst 14. Siehst 15. Trägst 16. Triffst 17. Vergisst 18. Wäschst 19. wirst 20. Wirfst

Übung 5: 1. Die Köchin eines Restaurants hat viel Arbeit. 2. Schon früh kommt der Bote und bringt … 3. Die Köchin wäscht …, schält … und schneidet … 4. Sie kocht …, bereitet die Suppen und bäckt … 5. Später kommt der Kellner. 6. Er stellt die Teller … 7. Dann legt er Messer … daneben. 8. Auch die Servietten vergisst er nicht. 9. Er füllt … und holt … 10. Der Kellner gibt … 11. Der Gast studiert die Karte und bestellt. 12. Nun hat die Köchin … 13. Sie brät …, kocht … und bereitet den Salat. 14. Sie bringt die Speisen und der Kellner serviert sie. 15. … bezahlt der Gast und verlässt das Restaurant.

Übung 6: (Ü 4) 1. Ich habe … gebraten. 2. Ich habe … empfohlen. 3. Ich habe … angefangen. 4. Ich habe … gegeben. 5. Ich habe … gehalten. 6. Ich habe … geholfen. 7. Ich habe mich auf … verlassen. 8. Ich bin … gelaufen. 9. Ich habe … gelesen. 10. Ich habe … genommen. 11. Ich habe … geraten zu fliegen. 12. Ich habe … geschlafen. 13. Ich habe … gesprochen. 14. Ich habe … gesehen. 15. Ich habe … getragen. 16. Ich habe … getroffen. 17. Ich habe … vergessen. 18. Ich habe … gewaschen. 19. Ich bin … geworden. 20. Ich habe … geworfen.
(Ü 5) 1. Die Köchinnen hatten … 2. … kamen die Boten und brachten … 3. Die Köchinnen wuschen …, schälten … und schnitten … 4. Sie kochten …, bereiteten … und buken/backten … 5. … kamen die Kellner. 6. Sie stellten … 7. Dann legten sie … 8. … vergaßen sie nicht. 9. Sie füllten … und holten … 10. Die Kellner gaben … 11. Die Gäste studierten die Karten und bestellten … 12. Nun hatten die Köchinnen … 13. Sie brieten …, kochten … und bereiteten … 14. Sie brachten … und die Kellner servierten … 15. … bezahlten die Gäste und verließen das Restaurant.

Übung 7: 1. a) Die Münze fällt in den Spielautomaten. b) Meistens gewinnt der Spieler nichts. 2. a) Der Fischer gerät … b) Er fährt … 3. a) Der Gärtner gräbt … b) Dann setzt er … und gibt … 4. a) Der Schüler misst … b) Dann schreibt er … 5. Der Dieb stiehlt … b) Dann verbirgt er es … 6. a) Der Gast betritt … b) Der Gastgeber empfängt … 7. a) Die Pflanze wächst … b) Sie muss … stehen. 8. a) Die Firma wirbt für … b) Sie gibt … aus.

Übung 8: 1. a) Die Münzen fielen in den Spielautomaten. Die Münzen sind … gefallen. b) Meistens gewannen die Spieler nichts. Meistens haben die Spieler nichts gewonnen 2. a) gerieten; sind … geraten b) fuhren; sind … gefahren 3. a) gruben; haben … gegraben b) setzten; haben … gesetzt 4. a) maßen; haben … gemessen b) schrieben; haben … geschrieben 5. a) stahlen; haben … gestohlen b) verbargen; haben … verborgen 6. a) betraten; haben … betreten b) empfingen; haben … empfangen 7. a) wuchsen; sind … gewachsen b) mussten; haben … müssen 8. a) warben; haben … geworben b) gaben; haben … gegeben

Übung 9: 1. Wer bietet …? 2. Wer schadet 3. badet 4. öffnet 5. rechnet 6. redet 7. verabschiedet 8. gründet 9. fürchtet 10. rettet 11. testet 12. wartet 13. zeichnet 14. streitet

Übung 10: Die Bauern ritten ins Dorf. Die Bauern sind ins Dorf geritten. 1. boten; haben … geboten 2. schadeten; haben … geschadet 3. badeten; haben … gebadet 4. öffneten; haben … geöffnet 5. rechneten; haben … gerechnet 6. redeten; haben … geredet 7. verabschiedeten sich; haben sich … verabschiedet

8. gründeten; haben … gegründet 9. fürchteten; haben … gefürchtet 10. retteten; haben … gerettet 11. testeten; haben … getestet 12. warteten; haben … gewartet 13. zeichneten; haben … gezeichnet 14. stritten; haben … gestritten

Übung 11: 1. brachten die Bücher zur Bibliothek; … haben die Bücher zur Bibliothek gebracht. 2. dachten; haben … gedacht 3. wussten; haben … gewusst 4. kanntet; habt … gekannt 5. sandten; haben … gesandt 6. wusstet; habt … gewusst 7. dachten; haben … gedacht 8. brannten; haben gebrannt

Übung 12: 1. Der Abiturient bringt; brachte; hat … gebracht 2. Meine Schwester denkt; dachte, hat … gedacht 3. Das Kind weiß; wusste; hat … gewusst 4. Du kennst; kanntest; hast … gekannt 5. Der Mieter sendet; sandte; hat … gesandt 6. Du weißt; wusstest; hast … gewusst 7. Der Teilnehmer denkt; dachte; hat … gedacht 8. Die Lampe brennt; brannte; hat … gebrannt

Übung 13: 1. Bringt ihr ihm die Post nicht? Habt ihr … nicht gebraucht? 2. Wissen Sie nichts von dem Vorfall? Haben Sie … gewusst? 3. Denkst du an die Verabredung? Hast du … gedacht? 4. Nennt er die Namen der Mitarbeiter nicht? Hat er … genannt? 5. Sendet ihr den Brief mit Luftpost? Habt ihr … gesandt? 6. Brennt die Heizung im Keller nicht? Hat die Heizung … nicht gebrannt?

Übung 14: 1. Du denkst ja nie an mich. Du dachtest ja nie an mich. Du hast ja nie an mich gedacht. 2. Das Haus brennt jetzt schon zum zweiten Mal. Das Haus brannte … / hat … gebrannt. 3. Wieder bringt mir der Briefträger keine Nachricht. Wieder brachte mir … / hat … gebracht. 4. Du kennst deine Nachbarn nicht? Du kanntest … nicht? / hast … nicht gekannt? 5. Immer rennt der Hund wie verrückt durch den Garten. Immer rannte der Hund … / ist … gerannt. 6. Ich sende ihr herzliche Grüße. Ich sandte … / habe … gesandt. 7. Bei Problemen wende ich mich immer an meinen Vater. Bei Problemen wandte ich mich … / habe … gewandt. 8. Warum weißt du seine Telefonnummer nicht? Warum wusstest du … nicht? / hast … nicht gewusst?

Übung 15: du gießt, misst, schließt, sitzt, stößt, vergisst, weißt, lässt, beißt, fließt, schmilzt, heizt

Übung 16: ich angle, wir angeln; ich wechsle, wir wechseln, ich bügle, wir bügeln; ich ekle mich, wir ekeln uns; ich handle, wir handeln; ich klingle, wir klingeln; ich schaukle, wir schaukeln; ich stemple, wir stempeln; ich zweifle, wir zweifeln; ich ändere, wir ändern; ich liefere, wir liefern; ich wandere, wir wandern; ich bedauere, wir bedauern; ich hindere, wir hindern; ich erwidere, wir erwidern; ich flüstere, wir flüstern; ich verhungere, wir verhungern; ich zerkleinere, wir zerkleinern

Übung 17: 1. Doch, natürlich bügle ich sie alle! 2. … ekle ich mich vor ihnen! 3. … handle ich mit ihnen! 4. … zweifle ich daran! 5. … regle ich sie selbst! 6. … klingle ich immer zweimal, wenn … 7. … plaud(e)re ich gern mit ihnen! 8. … änd(e)re ich sie! 9. … lief(e)re ich sie ab! 10. … wand(e)re ich gern! 11. … bedau(e)re ich sie! 12. … förd(e)re ich sie!

Übung 18: 1. Nein, wir bügeln sie nicht alle. 2. … wir ekeln uns nicht vor ihnen. 3. … wir handeln nicht mit ihnen. 4. … wir zweifeln nicht daran. 5. … wir regeln sie nicht selbst. 6. … wir klingeln nicht immer zweimal, wenn … 7. … wir plaudern nicht gern mit ihnen. 8. … wir ändern sie nicht. 9. … wir liefern sie nicht ab. 10. … wir wandern nicht gern. 11. … wir bedauern sie nicht. 12. … wir fördern sie nicht.

Übung 19: 1. Werner Stubinreith erhielt seine Entlassung. 2. Das erschien ihm … 3. Er arbeitete … und kannte … 4. Er kannte … und nannte … 5. Er dachte …, wusste aber … 6. Im Traum sah er … 7. Es war dunkel. 8. Er nahm …, tränkte sie … und legte … 9. Dann rannte er … 10. Dabei verlor er … 11. Ab und zu wandte er sich um. 12. … Der Betrieb brannte. 13. Alles stand in Flammen. 14. Die Feuerwehr schickte … 15. Der Betriebsleiter nannte … 16. Werner Stubinreith war … dabei. 17. An der Brandstelle fand man … 18. Der Schlüssel passte … 19. Werner gestand … 20. Er kam … ins Gefängnis. 21. Werner wachte auf und fand …

§ 7

Übung 1 a: 1. Sie meldet Besucher an. 2. Sie führt Aufträge durch. 3. Sie lädt Gäste ein. 4. Sie spricht Termine ab. 5. Sie holt die Post ab. 6. Sie bereitet Besprechungen vor. 7. Sie hält wichtige Papiere bereit. 8. Sie schreibt Geschäftsfreunde an.

Übung 1 b: 1. hat ... angemeldet 2. hat ... durchgeführt 3. hat ... eingeladen 4. hat ... abgesprochen 5. hat ... abgeholt 6. hat ... vorbereitet 7. hat ... bereitgehalten 8. hat ... angeschrieben

Übung 1 c: 1. Sie bereitet das Essen vor. 2. Sie wäscht das Geschirr ab und trocknet es ab. 3. Sie stellt alles in den Schrank zurück. 4. Sie staubt die Möbel ab. 5. Sie nimmt die Wäsche aus der Waschmaschine heraus und hängt sie auf. 6. Sie nimmt die Wäsche ab, legt sie zusammen und räumt sie weg. 7. Sie zieht die Kinder an und aus. 8. Sie bringt die Kinder ... und holt sie wieder ab. 9. Sie hebt Geld von der Bank ab.

Übung 1 d: 1. Ich habe das Essen vorbereitet. 2. habe ... abgewaschen und es abgetrocknet 3. habe ... zurückgestellt 4. habe ... abgestaubt 5. habe ... herausgenommen und sie aufgehängt 6. habe ... abgenommen, sie zusammengelegt und (sie) weggeräumt 7. habe ... an- und ausgezogen 8. habe ... gebracht und wieder abgeholt 9. habe ... abgehoben

Übung 1 e: 1. Sie bereitete das Essen vor. 2. wusch ... ab und trocknete es ab 3. stellte ... zurück 4. staubte ... ab 5. nahm ... heraus und hängte sie auf 6. nahm ... ab, legte sie zusammen und räumte sie weg 7. zog die Kinder an und aus 8. brachte die Kinder ... hin und holte sie wieder ab 9. hob ... ab.

Übung 2 a: 2. Er schnallt sich an. 3. Er steigt vorn aus. 4. Er zeigt die Flugtickets vor. 5. Er macht den Koffer auf. 6. Er nimmt das Gepäck mit. 7. Er füllt die Zollerklärung aus. 8. Er gibt den Pass ab.

Übung 2 b: 2. Ich habe mich angeschnallt. 3. Ich bin vorn ausgestiegen. 4. Ich habe die Flugtickets vorgezeigt. 5. Ich habe den Koffer aufgemacht. 6. Ich habe das Gepäck mitgenommen. 7. Ich habe die Zollerklärung ausgefüllt. 8. Ich habe den Pass abgegeben.

Übung 2 c: 2. Er schnallte sich an. 3. Er stieg vorn aus. 4. Er zeigt die Flugtickets vor. 5. Er machte den Koffer auf. 6. Er nahm das Gepäck mit. 7. Er füllte die Zollerklärung aus. 8. Er gab den Pass ab.

Übung 3: 1. Nein, er stellt sie gerade auf. 2. ... sie zeichnet sie gerade aus. 3. ... er bringt ihn gerade raus. 4. ... er rechnet gerade ab. 5. ... sie liefert es gerade an. 6. ... sie hängt sie gerade auf. 7. ... sie räumt ihn gerade auf. 8. ... sie holt sie gerade ab. 9. ... sie packt sie gerade aus. 10. ... er schreibt sie gerade aus. 11. ... sie räumt sie gerade auf.

Übung 4 a: 1. Er schließt sie wieder zu. 2. Er dreht ihn wieder zu. 3. Er schaltet es wieder ab. 4. Er packt die Geschenke wieder aus. 5. Er macht die Fenster wieder zu. 6. Er hängt die Bilder wieder ab.

Übung 4 b: 1. Sie hat ... aufgeschlossen; er hat ... zugeschlossen 2. hat ... aufgedreht; hat ... zugedreht 3. hat ... angeschaltet; hat ... abgeschaltet. 4. hat ... eingepackt; hat ... ausgepackt 5. hat ... aufgemacht; hat ... zugemacht 6. hat ... aufgehängt; hat ... abgehängt

Übung 5: 1. Mein Hund ist weggelaufen. Ich bin hinterhergelaufen. 2. Er hat ... vorgerechnet. Sie hat ... ausgeliehen. 3. Der Lehrling hat ... gesagt und der Chef hat zugestimmt. Der Chef hat ... gesagt und der Lehrling hat nicht zugehört. 4. Der Arzt hat ... beigestanden, aber der Kranke hat ... weggeworfen. 5. Ich habe ... zugegeben, aber sie hat ... nicht eingesehen. 6. Sie hat ... eingeschaltet, aber er hat es ... ausgeschaltet. 7. Sie hat ... angemacht und er hat es ... ausgeschaltet. 8. Meine Schwiegermutter ist ... angekommen; sie ist ... weitergefahren. 9. Der Junge hat ... weggestoßen. Der Nachbar ist ... hinuntergestürzt. 10. Unsere Freunde haben ... vorgeführt. Ich bin ... eingeschlafen. 11. Ich habe ... angerufen, aber er hat ... nicht abgenommen. 12. Die Kühe haben sich losgerissen. Der Bauer hat sie ... angebunden.

Übung 6: 1. Der Chef schließt die Schreibtischschublade zu (schloss ... zu). Die Sekretärin schließt sie ... wieder auf (schloss sie ... wieder auf). 2. Die Kinder laufen voran (liefen voran) und die Großeltern gehen ... hinterher (gingen ... hinterher. 3. Er bringt ... mit (brachte ... mit). Ich packe ... aus (packte ... aus). 4. Sie leiht ... aus (lieh ... aus), aber sie bekommt ... nicht zurück (bekam ... nicht zurück). 5. Er reißt sich alle grauen Haare aus (riss sich ... aus). Es bleiben leider nicht ... auf seinem Kopf zurück (blieben nicht ... zurück). 6. Der Dieb stellt ... hin und rennt fort (stellte ... hin und rannte fort). Ich laufe hinterher (lief hinterher). 7. Den Dieb halte ich ... fest (hielt ich ... fest). Die Tasche nimmt ... ein anderer ... mit (nahm ... mit). 8. Der Beamte stellt ... aus (stellte ... aus). Ich fahre los (fuhr ... los). 9. Das Töchterchen trinkt ... aus und isst ... auf (trank ... aus und aß ... auf). Der Hund leckt ... aus (leckte ... aus). 10. Die ... jungen Leute ziehen ... zusammen (zogen ... zusammen). Der Hausbesitzer stellt ... ab (stellte ... ab).

§ 8

Übung 1: 1. verbietet; hat ... verboten 2. empfinden, haben ... empfunden 3. beendet; hat ... beendet 4. erreicht; hat ... erreicht 5. gefällt; hat ... gefallen 6. bezahlt; hat ... bezahlt 7. empfängt; hat ... empfangen 8. erobert; hat ... erobert 9. erreichen; haben ... erreicht 10. verspricht; hat ... versprochen 11. beachtet ... nicht und verursacht; hat ... nicht beachtet ... und hat verursacht 12. beschließen; haben ... beschlossen 13. verspricht; hat ... versprochen 14. zerstörst; hast ... zerstört 15. vergisst; hat ... vergessen 16. entwirft; hat ... entworfen

Übung 2: 1. Die Eltern verstecken/versteckten das Geschenk. 2. Er erklärt/erklärte 3. Der Hausherr zerreißt/zerriss 4. Die Kinder vergessen/vergaßen 5. Die Fußballmannschaft verliert/verlor 6. Der Medizinstudent besteht/bestand 7. Ich vertraue/vertraute 8. Der Ingenieur erfindet/erfand 9. In der Vorstadt entsteht/entstand 10. Das Kind zerbricht/zerbrach 11. Der

alte Professor begreift/begriff 12. Er vergleicht/verglich 13. Wir erreichen/erreichten 14. Er empfängt/empfing 15. Auf dem langen Transport verdirbt/verdarb

Übung 3: 3. verbreitert 4. angelegt 5. eingerichtet 6. vergrößert 7. ausgebaut 8. erweitert 9. abgerissen 10. errichtet 11. abgebrochen 12. eingeschränkt 13. angeschafft 14. entlastet 15. eingerichtet 16. errichtet 17. festgestellt 18. angekurbelt 19. enteignet 20. veranstaltet 21. herausgeben 22. verhindert 23. angestrichen 24. angelegt 25. eingeplant

Übung 4: 1. Kirstin hat das Museum besucht. 2. Sie hat sich ... besorgt und hat ... bezahlt. 3. hat ... betreten 4. hat ... betrachtet 5. ist ... geblieben 6. hat ... verlassen und ist ... gelangt 7. hat ... verbracht 8. hat ... studiert 9. hat ... erkannt 10. ist ... vergangen

Übung 5: 1. enteignet 2. entlassen 3. verklagt 4. verboten 5. bedroht 6. begriffen 7. verhungert 8. verlangt 9. misslungen 10. verdorben 11. zersprungen 12. bekämpft 13. vergessen 14. vermisst

§ 9

Übung 1: 1. Ernst wiederholt die starken Verben. Ernst hat die starken Verben wiederholt. 2. Die Fischer schneiden die Leine durch (haben ... durchgeschnitten). 3. Der Direktor unterschreibt den Brief (hat ... unterschrieben). 4. Ich unterhalte mich mit den Ausländern (habe mich ... unterhalten). 5. Wir umfahren die Großstadt auf der Autobahn (haben ... umfahren). 6. Der Betrunkene fährt die Laterne um (hat ... umgefahren). 7. Er tritt zum katholischen Glauben über (ist ... übergetreten). 8. Ich durchschaue die Pläne meines Geschäftspartners (habe ... durchschaut). 9. Die Milch läuft über (ist übergelaufen). 10. Der Einbrecher bringt den Hausbesitzer um (hat ... umgebracht). 11. Warum stellst du schon wieder alle Möbel um (hast ... umgestellt)? 12. Warum unterbrechen Sie den Sprecher dauernd (haben Sie ... unterbrochen)? 13. Der Assistent überrascht den Professor mit seinen guten Kenntnissen (hat ... überrascht). 14. Das Schiff geht im Sturm unter (ist ... untergegangen). 15. Der Politiker überlegt sich seinen Austritt aus der Partei sehr genau (hat sich ... überlegt). 16. Die Soldaten laufen in Scharen zum Feind über (sind ... übergelaufen). 17. Der Redner unterbricht den Vortrag (hat ... unterbrochen).

Übung 2: 1. übernimmst; überrascht; angenommen; führt das Geschäft weiter; überschritten 2. nimmt an; unterschlagen; unterlassen; überprüfen; fiel der Buchhalter durch den Kauf einer sehr großen Villa auf; untersuchte; griff die Firma schnell durch; schaltete sofort die Polizei ein; dahintergekommen; untergetaucht; untergekommen; durchkreuzte; brachte sich um

Übung 3: 1. Er ist bei dem letzten Examen durchgefallen. 2. Ich habe die Ausrede sofort durchschaut. 3. Der Lehrer hat den ganzen Satz durchgestrichen. 4. Der Verkäufer hat das Brot durchgeschnitten. 5. Zum Glück hat das kranke Kind bis zum Morgen durchgeschlafen. 6. Die Bauern durchquerten mit ihren Wagen die ganze Stadt. 7. Er überwies den Betrag an die Versicherung. 8. In seiner Tasche fand er seinen Pass wieder. 9. Am nächsten Tag hat der Politiker seine Äußerung widerrufen. 10. Der Lehrling widersetzte sich der Anordnung des Chefs. 11. Warum habt ihr den Besuch bei eurem Onkel unterlassen?

§ 10

Übung 1: ich ziehe mich an / zog mich an / habe mich angezogen; sie ziehen sich an / zogen sich an / haben sich angezogen – du ziehst dich um / zogst dich um / hast dich umgezogen; ihr zieht euch um / zogt euch um / habt euch umgezogen – er entfernt sich / entfernte sich / hat sich entfernt; wir entfernen uns / entfernten uns / haben uns entfernt – wir beschweren uns / beschwerten uns / haben uns beschwert; er beschwert sich / beschwerte sich / hat sich beschwert – ihr erinnert euch / erinnertet euch / habt euch erinnert; du erinnerst dich / erinnertest dich / hast dich erinnert – sie freuen sich / freuten sich / haben sich gefreut; ich freue mich / freute mich / habe mich gefreut – ich stelle mir die Aufregung vor / stellte

mir die A. vor / habe mir die A. vorgestellt; sie stellen sich die A. vor / stellten sich die A. vor / haben sich die A. vorgestellt – du denkst dir eine Entschuldigung aus / dachtest dir eine E. aus / hast dir eine E. ausgedacht; ihr denkt euch eine E. aus / dachtet euch eine E. aus / habt euch eine E.. ausgedacht – er sieht sich die Ausstellung an / sah sich die A. an / hat sich die A. angesehen; wir sehen uns die A. an / sahen uns die A. an / haben uns die A. angesehen – wir kaufen uns ein Moped / kauften uns ein M. / haben uns ein M. gekauft; er kauft sich ein M. / er kaufte sich ein M. / hat sich ein M. gekauft – ihr bestellt euch ein Bier / bestelltet euch ein B. / habt euch ein B. bestellt; du bestellst dir ein B. / bestelltest dir ein B. / hast dir ein B. bestellt – sie merken sich die Adresse / merkten sich die A. / haben sich die A. gemerkt; ich merke mir die A. / merkte mir die A. / habe mir die A. gemerkt

Übung 2: 1. Wir ruhen uns nach der Wanderung erst einmal aus (ruhten uns ... aus / haben uns ... ausgeruht). 2. Der Student bemüht sich um ... (bemühte sich um ... / hat sich um ... bemüht) 3. Der Geschäftsmann befindet sich ... (befand sich ... / hat sich ... befunden) 4. Die Kinder beschäftigen sich mit ... (beschäftigten sich mit ... / haben sich mit ... beschäftigt) 5. Der Junge fürchtet sich vor ... (fürchtete sich vor ... / hat sich vor ... gefürchtet). 6. Die Autonummer merken wir uns ... (merkten wir uns / haben wir uns ... gemerkt). 7. Trefft ihr euch ... (traft ihr euch ... / habt ihr euch ... getroffen)?. 8. Wann trennst du dich von ... (trenntest du dich von ... / hast du dich von ... getrennt)? 9. Ich rasiere mich immer mit ... (rasierte mich immer mit ... / habe mich immer mit ... rasiert). 10. Wir unterhalten uns gern mit ... (unterhielten uns gern mit ... / haben uns gern mit ... unterhalten). 11. Wir verstehen uns ... (verstanden uns ... / haben uns ... verstanden). 12. Sie waschen sich ... (wuschen sich ... / haben sich ... gewaschen). 13. Die Eltern wundern sich über ... (wunderten sich über ... / haben sich über ... gewundert).

Übung 3: Doch, 1. wir fürchteten uns vor der Dunkelheit 2. wir ruhen uns nach dem Fußmarsch aus 3. ich erhole mich bei dieser Tätigkeit 4. wir duschen uns nach dem Sport 5. wir ziehen uns zum Ski fahren wärmer an 6. ich lege mich nach dem Essen etwas hin 7. ich setze mich bei dieser Arbeit 8. er erkundigt sich regelmäßig nach dem Zustand des Kranken 9. er überzeugt sich vorher von der Sicherheit des Autos 10. wir erinnern uns an das Fußballspiel 11. ich wundere mich über deine Geduld 12. wir unterhalten uns oft mit unseren Freunden über unsere Pläne 13. ich rasiere mich mit dem Elektrorasierer 14. ich bewerbe mich um diese Stelle 15. ich besinne mich auf den Namen deiner Freundin 16. ich freue mich auf die Urlaubsreise 17. ich schäme mich 18. ich entschuldige mich bei den Nachbarn 19. ich ziehe mich fürs Theater um 20. ich ärgere mich über seine Antwort

Übung 4: 1. Habt ihr euch nicht vor der Dunkelheit gefürchtet? Doch, wir haben uns vor der Dunkelheit gefürchtet. 2. Habt ihr euch ... nicht ausgeruht? Doch, wir haben uns ... ausgeruht. 3. Hast du dich ... nicht erholt? Doch, ich habe mich ... erholt. 4. Habt ihr euch nicht ... geduscht? Doch, wir haben uns ... geduscht. 5. Habt ihr euch ... nicht wärmer angezogen? Doch, wir haben uns ... wärmer angezogen. 6. Haben Sie sich ... nicht etwas hingelegt? Doch, ich habe mich ... etwas hingelegt. 7. Haben Sie sich ... nicht gesetzt? Doch, ich habe mich ... gesetzt. 8. Hat sich der Arzt nicht ... erkundigt ? Doch, er hat sich ... erkundigt. 9. Hat sich Vater nicht ... überzeugt? Doch, er hat sich ... überzeugt. 10. Habt ihr euch nicht ... erinnert? Doch, wir haben uns ... erinnert. 11. Hast du dich nicht ... gewundert? Doch, ich habe mich ... gewundert. 12. Habt ihr euch nicht ... unterhalten? Doch, wir haben uns ... unterhalten. 13. Hast du dich nicht ... rasiert? Doch, ich habe mich ... rasiert. 14. Haben Sie sich nicht ... beworben? Doch, ich habe mich ... beworben. 15. Hast du dich nicht ... besonnen? Doch, ich habe mich ... besonnen. 16. Haben Sie sich nicht ... gefreut? Doch, ich habe mich ... gefreut. 17. Hast du dich nicht geschämt? Doch, ich habe mich geschämt. 18. Hast du dich nicht ... entschuldigt? Doch, ich habe mich ... entschuldigt. 19. Hast du dich nicht ... umgezogen? Doch, ich habe mich ... umgezogen. 20. Hast du dich nicht ... geärgert? Doch, ich habe mich ... geärgert.

Übung 5: 1. ... sich ins Nest. 2. ... sich im Sanatorium! 3. ... sich nicht für ihr Benehmen. 4. ... sich für Hans. 5. ... dich nach dem Zug? 6. ... sich mit Spanisch. 7. ... mich nicht an Sie. 8. ... uns um einen Studienplatz. 9. ... euch um diese Stelle.

Übung 6: 1. ... uns eine Weltreise. 2. ... sich einen Kugelschreiber. 3. ... sich ein Haus. 4. ... euch einen Scherz? 5. ... sich die Haare? 6. ... mir diesen Lärm! 7. ... dir die Hände.

Übung 7: sich – sich – sich – uns – uns – sich – sich – mich – uns – mich – mich – uns – dir – dir – mir – mir – dir – sich – dich – dich – dich– dir – mir – dich – sich – dich – uns – dich

§ 11

Übung 1: 1. Wecken Sie mich bitte um sieben Uhr. 2. Schicken Sie mir bitte das Frühstück aufs Zimmer 3. Besorgen Sie mir bitte eine Tageszeitung. 4. Bringen Sie bitte den Anzug zur Reinigung. 5. Verbinden Sie mich bitte mit der Telefonauskunft. 6. Lassen Sie mich bitte mittags schlafen und stören Sie mich nicht durch Telefonanrufe. 7. Besorgen Sie mir bitte ein paar Kopfschmerztabletten. 8. Lassen Sie bitte die Koffer zum Auto bringen. 9. Schreiben Sie bitte die Rechnung.

Übung 2 a: 1. Schreib nicht so undeutlich! 2. Iss nicht so langsam! 3. Rauch nicht soviel! 4. Fehl nicht so oft! 5. Mach nicht so viele Fehler! 6. Sprich nicht so leise! 7. Komm nicht immer so spät! 8. Sei nicht so unkonzentriert! 9. Sie nicht so nervös! 10. Mach nicht soviel Unsinn!

Übung 2 b: 1. Gib bitte deine Arbeit ab! 2. Bezahl bitte dein Busgeld! 3. Füll bitte deinen Antrag aus! 4. Mach bitte deine Hausaufgaben! 5. Sammle bitte das Theatergeld ein! 6. Lern bitte deine Vokabeln! 7. Bring bitte die Unterschrift des Vaters mit! 8. Geh bitte zum Direktor!

Übung 3: 3. Verbreitert Straßen! 4. Legt einen Busbahnhof an! 5. Richtet neue Buslinien ein! 6. Vergrößert den Sportplatz! 7. Baut das Clubhaus aus! 8. Erweitert das Gasleitungsnetz! 9. Reißt die alte Schule ab! 10. Errichtet eine neue Schule! 11. Brecht das hässliche Amtsgebäude ab! 12. Schränkt den Verkehrslärm ein! 13. Schafft neue Busse an! 14. Entlastet die Straßen der Innenstadt! 15. Richtet Fußgängerzonen ein! 16. Errichtet ein Denkmal! 17. Stellt Luftverschmutzer fest! 18. Kurbelt den Fremdenverkehr an! 19. Enteignet leerstehende Häuser! 20. Veranstaltet historische Feste! 21. Gebt einen Stadtplan heraus! 22. Verhindert die Durchfahrt des Fernverkehrs durch die Stadt! 23. Streicht die Rathausfenster an! 24. Legt Radfahrwege an! 25. Plant Grünflächen ein!

Übung 4: (Ü1a) 1. Melden Sie die Besucher bitte an! 2. Führen Sie die Aufträge bitte durch! 3. Laden Sie die Gäste bitte ein! 4. Sprechen Sie die Termine bitte ab! 5. Holen Sie die Post bitte ab! 6. Bereiten Sie die Besprechungen bitte vor! 7. Halten Sie wichtige Papiere bitte bereit! 8. Schreiben Sie Geschäftsfreunde bitte an! (Ü1c) 1. Bereiten Sie das Essen bitte vor! 2. Waschen Sie das Geschirr bitte ab und trocknen Sie es ab! 3. Stellen Sie alles bitte in den Schrank zurück! 4. Stauben Sie die Möbel bitte ab! 5. Nehmen Sie die Wäsche bitte aus der Waschmaschine und hängen Sie sie auf! 6. Nehmen Sie die Wäsche bitte ab, legen Sie sie zusammen und räumen Sie sie weg! 7. Ziehen Sie die Kinder bitte an und aus! 8. Bringen Sie die Kinder bitte zum Kindergarten und holen Sie sie von dort wieder ab! 9. Heben Sie das Geld bitte von der Bank ab!

Übung 5: 3. Steigen Sie bitte vorn aus! 4. Zeigen Sie bitte die Flugtickets vor! 5. Machen Sie bitte den Koffer auf! 6. Nehmen Sie bitte das Gepäck mit! 7. Füllen Sie bitte die Zollerklärung aus! 8. Geben Sie bitte den Pass ab!

Übung 6: 1. Schließ die Tür bitte wieder zu! 2. Dreh den Wasserhahn bitte wieder auf! 3. Schalte das Radio bitte wieder ab! 4. Pack die Geschenke bitte wieder aus! 5. Mach das Fenster bitte wieder zu! 6. Häng die Bilder bitte wieder ab!

§ 12

Übung 1: 1. Wir haben schon zu Mittag gegessen. 2. Ich habe ihn schon angerufen. 3. Ich habe sie schon gekauft. 4. Sie ist schon angekommen. 5. Er ist schon abgefahren. 6. Ich habe schon geschrieben. 7. Sie sind schon ausgezogen. 8. Sie sind schon eingezogen. 9. Wir haben uns schon einen (Fernseher) angeschafft.

Übung 2: 1. Hast; bin; bin/habe; habe 2. haben; sind 3. sind; sind; sind 4. haben; sind 5. ist; hat; ist 6. haben; ist; hat; hat; ist; hat 7. ist; ist; ist; hat; haben

Übung 3: 1. Ulla hat ihre Hausaufgaben gemacht. 2. Jens hat sich mit Hans-Günther unterhalten. 3. Gilla hat die Zeitung gelesen. 4. Ulrich hat mit Carlo Karten gespielt. 5. Karin hat Männchen gemalt. 6. Ulrike hat Rüdiger lateinische Vokabeln abgehört. 7. Christiane hat sich mit Markus gestritten. 8. Katja hat ein Gedicht auswendig gelernt. 9 Heide hat mit Stefan eine Mathematikaufgabe ausgerechnet. 10. Iris hat etwas an die Tafel geschrieben. 11. Claudia und Joachim haben sich Witze erzählt. 12. Wolfgang und Markus haben ihre Radtour besprochen. 13. Ich habe in der Ecke gesessen und alles beobachtet.

Übung 4: Zuerst sind wir … gefahren. Dort sind wir … gegangen. An diesem Tag hat der „Tannhäuser" … gestanden. Auch am Sonntag sind wir … geblieben und haben uns … angeschaut. Am Sonntagabend haben wir uns mit … getroffen und sind … gefahren. Da sind wir … geblieben. Wir sind … gewandert. Abends haben wir dann noch zusammengesessen und haben uns unterhalten, haben ferngesehen oder sind tanzen gegangen. Kaum hat man … gelegen, ist man auch schon eingeschlafen. Am Sonntag darauf sind wir … gefahren.

Übung 5: 1. Was hat Frau Traut im Garten gemacht? Sie hat Unkraut vernichtet und Blumen gepflückt. 2. Was hat Inge … gemacht? Sie hat ein Kleid gekauft und Schuhe anprobiert. 3. Was hat Herr … gemacht? Er ist in die Stadt gefahren und hat Geld von der Bank abgehoben. 4. Was hat Frau … gemacht? Sie ist zur Post gefahren und hat ein Paket aufgegeben. 5. Was hat Herr … gemacht? Er hat den Fotoapparat zur Reparatur gebracht und die Wäsche aus der Wäscherei abgeholt. 6. Was hat Herr … gemacht? Er hat Unterricht gehalten und Hefte korrigiert. 7. Was hat Frau … gemacht? Sie hat Rechnungen bezahlt und Telexe geschrieben. 8. Was hat Professor … gemacht? Er hat Vorlesungen gehalten und Versuche durchgeführt. 9. Was hat Fritzchen … gemacht? Er ist in den Kindergarten gegangen und hat Blumen und Schmetterlinge gemalt. 10. Was hat Frau … gemacht? Sie hat Patienten untersucht und Rezepte ausgeschrieben.

Übung 6: 1. Herr Maier hat sich Kartons besorgt und darin die Bücher verpackt. 2. Er hat sich einen Lieferwagen geliehen und ist damit zu seiner alten Wohnung gefahren. 3. Die Freunde haben die Möbel hinuntergetragen und sie im Auto verstaut. 4. Dann sind die Männer zu der neuen Wohnung gefahren und haben dort die Möbel ausgeladen. 5. Sie haben sie mit dem Aufzug in die neue Wohnung gebracht und sie dort aufgestellt. 6. Frau Maier hat das Porzellan sorgfältig in Kartons verpackt und (hat) es mit dem Auto zu der neuen Wohnung gefahren. 7. Dort hat sie es wieder ausgepackt und in den Schrank gestellt. 8. Maiers sind mit dem Lieferwagen fünfmal hin- und hergefahren, dann haben sie ihn der Firma zurückgebracht.

Übung 7: 1. Ein Mann hat eine alte Frau im Park überfallen und ihr die Handtasche geraubt. 2. Ein Motorradfahrer ist mit hoher Geschwindigkeit durch eine Kurve gefahren und von der Straße abgekommen. Dabei ist er gegen einen Baum gerast und hat das Bewusstsein verloren. 3. Ein betrunkener Soldat ist mit einem Militärfahrzeug durch die Straßen gefahren und hat dabei fünfzehn Personenwagen beschädigt. 4. Auf einem Bauernhof haben Kinder mit Feuer gespielt und dabei die Stallungen in Brand gesteckt. Die Feuerwehrleute haben die Tiere losgebunden und sie aus den Ställen gejagt. 5. Zwei Räuber haben eine Bank überfallen und eine halbe Million Mark mitgenommen.

Übung 8: Ich bin zu spät aufgewacht, bin sofort aus dem Bett gesprungen, habe dabei die Bettdecke zerrissen und das Wasserglas vom Nachttisch geworfen. Das hat mich schon sehr ärgerlich gemacht. Ich habe mich nicht gewaschen, habe mich in aller Eile angezogen, habe die Strümpfe verwechselt und mir eine falsche Krawatte umgebunden. Ich habe mir nur schnell einen Apfel eingesteckt, habe die Wohnung verlassen und bin die Treppe hinuntergerannt. Die Straßenbahn ist mir gerade vor der Nase weggefahren. Ich bin ungeduldig zehn Minuten lang an der Haltestelle hin- und hergelaufen. Ich bin eilig in die nächste Bahn gestiegen, habe aber dabei die Fahrkarte aus der Hand verloren. Ich habe mich umgedreht, habe die Fahrkarte vom Boden aufgehoben, aber der Fahrer hat im selben Augenblick die automatischen Türen zugemacht. Ich habe ein Taxi angehalten, aber der Taxifahrer hat die Adresse falsch verstanden und (hat) den Wagen zunächst in die falsche Richtung gelenkt. So ist wieder viel Zeit vergangen. Ich bin 45 Minuten zu spät in der Firma angekommen, habe mich beim Chef entschuldigt und habe die Sekretärin beruhigt. Ich habe dann noch eine halbe Stunde am Schreibtisch geschlafen.

§ 13

Übung 1: 1. gelegen 2. gehängt 3. gehangen 4. gelegen 5. gelegt 6. gestellt 7. gestanden 8. gesetzt 9. gesessen 10. gestanden 11. gestellt 12. gelegt 13. gelegt 14. gesetzt 15. gesessen 16. gesetzt 17. gehängt 18. gehangen

Übung 2: 1. in den Schrank 2. im Wohnzimmerschrank 3. in den Küchenschrank 4. in das Schränkchen im Esszimmer 5. In dem Schränkchen 6. im Badezimmer 7. auf der Wäscheleine hinter dem Haus 8. in den Wäscheschrank 9. in die Waschmaschine 10. auf die Wäscheleine

Übung 3: 1. Er hat das Geschirr in den Schrank zurückgestellt. 2. Die Gläser haben immer im Wohnzimmerschrank gestanden. 3. Die Tassen und Teller hat er in den Küchenschrank gestellt. 4. Die Tischtücher hat er in das Schränkchen im Esszimmer gelegt. 5. In dem

Schränkchen haben auch die Servietten gelegen. 6. Ein Geschirrtuch hat im Badezimmer gehangen. 7. Die Wäsche hat noch auf der Wäscheleine hinter dem Haus gehangen. 8. Er hat sie abgenommen und in den Wäscheschrank gelegt. 9. Die schmutzige Wäsche hat er in die Waschmaschine gesteckt. 10. Später hat er sie auf die Wäscheleine gehängt.

Übung 4: 1. a) löschte b) ist erloschen c) löschen d) löschten e) erlischt f) ist erloschen 2. a) senkte b) sinkt c) ist gesunken d) sinkt e) sinken f) ist gesunken g) sank h) versanken i) ist versunken j) versenkte 3. a) hat gesprengt b) sprengt c) ist gesprungen d) sprengen e) ist gesprungen f) springt g) ist gesprungen 4. a) Verschwinde b) verschwindet c) verschwand d) verschwende e) verschwindet f) verschwendete g) ist verschwunden 5. a) Hat ... erschreckt b) bin ... erschrocken c) sind ... erschrocken d) Erschrick e) erschreckte f) erschrickt g) erschreckst h) erschrecke

§ 14

Übung 1: 1. eine Burg; ein Schloss; einen Dom; ein Kloster; ein Denkmal 2. einen Wald; eine Wiese; einen Acker; ein Dorf; eine Stadt; einen Stausee 3. den Professor; den Kommilitonen; die Professorin; die Kommilitonin 4. einen Fachmann; einen Schreiner; einen Schlosser; einen LKW-Fahrer oder eine LKW-Fahrerin 5. einen Drachen; ein Flugzeug; einen Lampenschirm; ein Möbelstück

Übung 2: 1. j) den Kühen 2. f) der Patientin 3. g) den Eltern 4. i) der Gemeinde 5. d) dem Geburtstagskind 6. e) dem Gastgeber 7. c) dem Hund 8. a) dem Jäger 9. b) den Blumen 10. h) dem Ladendieb

Übung 3: 1. Er ähnelt seinem Vater immer mehr. 2. Der Angeklagte antwortete dem Richter nicht. 3. Ich bin gestern meinem Freund begegnet. 4. Sein Vater wird ihm finanziell beistehen. 5. Meine Telefonnummer ist meinem Nachbarn nicht eingefallen. 6. Das Geld für das Schwimmbad fehlt der Gemeinde leider. 7. Mein Hund folgt mir aufs Wort. 8. Das Wetter gefiel den Wanderern gar nicht. 9. Die Villa

gehört einem Bankdirektor. 10. Die Lösung der Aufgabe ist den Schülern nicht gelungen.

Übung 4: Ja, ich hab' 1. ... ihm die Frage beantwortet. 2. ... ihnen meinen Entschluss mitgeteilt. 3. ... ihnen das Fußballspielen verboten. 4. ... ihr die Kündigung geschickt. 5. ... ihm das Rauchen gestattet. 6. ... ihr den Fernseher überlassen. 7. ... ihm die Wahrheit gesagt. 8. ... ihm meine Schulden verschwiegen. 9. ... ihnen den Ball weggenommen. 10. ... ihnen die Urlaubsbilder schon gezeigt. 11. ... ihr einen Ausflug versprochen. 12. ... ihnen einen Gruß geschickt.

Übung 5: 1. Die Hausfrau vertraute dem Nachbarn die Pflege der Blumen an. / Die Hausfrau hat dem Nachbarn die Pflege der Blumen anvertraut. 2. Die Tochter beantwortete dem Vater die Frage. / ... hat ... beantwortet. 3. Der Angeklagte bewies dem Richter seine Unschuld. / ... hat ... bewiesen. 4. Udo borgte meinem Freund das Moped. / ... hat ... geborgt. 5. Der Briefträger brachte den Einwohnern die Post jeden Morgen gegen 9 Uhr. / ... hat ... gebracht. 6. Er erzählte den Kindern Märchen. / ... hat ... erzählt. 7. Der Bürgermeister gab dem Brautpaar die Urkunden. / ... hat ... gegeben. 8. Gisela lieh dem Nachbarn das Fahrrad gern. / ... hat ... geliehen. 9. Das Versandhaus lieferte den Kunden die Ware ins Haus. / ... hat ... geliefert. 10. Sie schickte der Tante das Geburtstagsgeschenk. / ... hat ... geschickt. 11. Hans schickte dem Chef die Kündigung aus Frankreich. / ... hat ... geschickt. 12. Das Warenhaus sandte dem Kunden den Kühlschrank ins Haus. / ... hat ... gesandt. 13. Der Angestellte verschwieg dem Chef seine Kündigungsabsicht. / ... hat ... verschwiegen. 14. Die Zollbehörde verweigerte dem Ausländer die Einreise. / ... hat ... verweigert. 15. Eine Diebesbande entwendete den Fahrgästen im Schlafwagen das Geld. / ... hat ... entwendet. 16. Die Polizei entzog dem Busfahrer den Führerschein. / ... hat ... entzogen. 17. Der Motorradfahrer raubte der Dame die Tasche im Vorbeifahren. / ... hat ... geraubt. 18. Meine Freundin schenkte den Eltern dieses Teeservice zu Weihnachten. / ... hat ... geschenkt. 19. Ein Dieb stahl dem Junggesellen die ganze Wohnungseinrichtung. / ... hat ... gestohlen. 20. Der Vater versprach dem

Sohn zum Abitur das Geld für eine Italienreise. / … hat … versprochen.

Übung 6: 1. Der Pfleger reichte der Kranken das Medikament. 2. Er schrieb ihren Angehörigen einen Brief. 3. Die Verwandten besuchten die Kranke. 4. Die Angehörigen mussten die Patientin bald wieder verlassen. 5. Der Arzt erlaubte der Dame nicht aufzustehen. 6. Der Chefarzt wollte die Kranke noch nicht entlassen. 7. Die Frau wollte dem Arzt nicht widersprechen. 8. Die Pfleger mussten der Frau beistehen. 9. Mein Bruder traf die Touristin in der Stadt. 10. Die Touristen verließen den Bus. 11. Ich begegnete den Touristen. 12. Das Informationsbüro empfahl den Touristen das Hotel „Ritter". 13. Die Touristen stimmten dem Vorschlag zu. 14. Die Leute suchten das Hotel. 15. Ein Fußgänger zeigte den Reisenden den Weg. 16. Der Bus näherte sich dem Hotel. 17. Das Musikstück missfiel den Besuchern. 18. Der Vater versprach dem Jungen eine Belohnung. 19. Die Lügen halfen den Politikern nicht. 20. Das Parlament beschloss ein Gesetz.

Übung 7: 1. Nein, das stimmt nicht, sie hat ihm die Pflege der Blumen nicht anvertraut! 2. … sie hat ihm die Frage nicht beantwortet! 3. … er hat ihm seine Unschuld nicht bewiesen! 4. …, er hat ihm das Moped nicht geborgt! 5. …, er hat ihnen die Post nicht jeden Morgen gegen 9 Uhr gebracht! 6. …, er hat ihnen keine Märchen erzählt! 7. …, er hat ihm die Urkunden nicht gegeben! 8. …, sie hat ihm das Fahrrad nicht gern geliehen! 9. …, es hat ihnen die Ware nicht ins Haus geliefert! 10. …, sie hat ihr das Geburtstagsgeschenk nicht geschickt! 11. …, er hat ihm die Kündigung nicht aus Frankreich geschickt! 12. …, es hat ihm den Kühlschrank nicht ins Haus gesandt! 13. …, er hat ihm die Kündigungsabsicht nicht verschwiegen! 14. …, sie hat ihm die Einreise nicht verweigert!

§ 15

Übung 1: 1. Worüber herrschte der Diktator grausam? 2. Auf wen hast du gewartet? 3. Worauf bereitet …? 4. Worüber sprachen …? 5. Über wen schimpfte …? 6. Worüber beklag-

ten …? 7. Worum geht es? 8. Mit wem unterhielt …? 9. Wovor schützten …? 10. Wofür sammeln …?

Übung 2: S: mit Ihnen; um seine Gehaltserhöhung – C: um diese Sorgen – S: an dem Kongress – C: für die Einladung; hängt davon ab – S: um die Stelle – C: um die Stelle; auf alle Zeugnisse – S: über ihre Arbeitsbedingungen; daran gewöhnen – C: darauf verlassen – S: hält nichts davon – S: daran erinnern – C: auf Sie verlassen – S: entschuldigt sich bei Ihnen; an der Besprechung; leidet an … Kopfschmerzen – C: auf baldige Besserung – S: um Informationen; warnt Sie davor – C: darüber wundern; über die Firmen – S: beschweren sich darüber; bitten Sie darum – C: das hängt … davon ab – S: danach erkundigt; um 26 Kinder – C: Darüber muss ich … nachdenken – S: darum bitten; auf mein Mittagessen

Übung 3: 1. darauf; an diesem Kurs; für dieses Thema 2. vor dem Direktor; für einen sehr freundlichen Menschen 3. daran; über meine Fehler; in Wut 4. beim Professor; mit dir über deine Doktorarbeit 5. Damit; um die Kinder; darauf 6. an unsere Gewohnheiten; zu den Menschen; daran 7. mit diesem Problem; darüber; dazu; mit dieser Diskussion 8. bei dem Personalchef darüber

Übung 4: übrig – zu – darauf – darüber – darauf – mit – um – daran – auf – darauf – für – um – vor – in – über – um – bei – an – vor

§ 16

Übung 1: 1. …, dass die Kälber nicht von ihren Muttertieren getrennt werden. 2. …, dass die meisten Eier … von Hühnern in Käfigen stammen. 3. …, dass die Hühner … frei herumlaufen. 4. …, die Eier von … zu kaufen. 5. …, Fleisch von Tieren aus … zu essen. 6. …, dass sie … immer mehr … verkaufen können (…, immer mehr verkaufen zu können). 7. …, dass die Tierschutzgesetze strenger angewendet werden sollen. 8. …, dass Rindern Injektionen gegeben werden, …

Übung 2: 1. Ich fürchte, dass unsere Wanderung dann ausfällt. Ich fürchte, unsere Wanderung fällt dann aus. 2. a) Wir glauben, dass die Theateraufführung ein großer Erfolg wird. Wir glauben, die Theateraufführung wird ein großer Erfolg. b) Wir nehmen an, dass nicht alle Besucher eine Karte bekommen. / ..., nicht alle Besucher bekommen eine Karte. 3. a) Ich befürchte, dass der Bäcker an der Ecke seinen Laden bald aufgibt. / ..., der Bäcker ... gibt seinen Laden bald auf. b) Ich glaube, dass wir unser Brot dann ... im Supermarkt kaufen müssen. / ..., wir müssen ... kaufen. 4. a) Wir fürchten, dass wir nächste Woche viel Arbeit haben. / ..., wir haben ... viel Arbeit. b) Wir nehmen an, dass wir zu nichts anderem Zeit haben. / ..., wir haben ... Zeit. 5. a) Ich nehme an, dass das hier ein sehr fruchtbarer Boden ist. / ..., das hier ist ... Boden. b) Ich glaube, dass hier verschiedene Arten Gemüse gut wachsen. / ..., hier wachsen ... gut. 6. a) Du glaubst, dass der FC Bayern das Fußballspiel gewinnt? (..., der FC Bayern gewinnt ...? b) Ich nehme an, dass die Chancen eins zu eins stehen. / ..., die Chancen stehen ... 7. a) Ihr meint auch, dass wir den 30-Kilometer-Fußmarsch ... schaffen? / ..., wir schaffen den 30-Kilometer-Fußmarsch ...? b) Wir fürchten, dass einige dazu nicht in der Lage sind. / ..., einige sind dazu nicht in der Lage.

Übung 3: 1. Die Chefdolmetscherin bemüht sich (darum,) die Rede ... möglichst genau wiederzugeben. 2. Die anwesenden Politiker müssen sich darauf verlassen können, dass die Übersetzung zuverlässig und vollständig ist. 3. Die Dolmetscherin denkt daran, dass ein Übersetzungsfehler schlimme Folgen haben kann. 4. Sie gewöhnt sich daran, während einer Rede gleichzeitig zu hören und zu übersetzen. 5. Der Politiker kann darauf verzichten, während seiner Rede Übersetzungspausen zu machen. 6. Viele Zuhörer wundern sich (darüber), dass die Dolmetscherin gleichzeitig hören und übersetzen kann. 7. Niemand wundert sich (darüber), dass eine Dolmetscherin ... abgelöst werden muss. 8. Auch eine gute Dolmetscherin kann sich nie ganz daran gewöhnen, ständig hoch konzentriert sein zu müssen. 9. Sie fürchtet sich davor, als Chefdolmetscherin abgelöst zu werden. 10. Wer wundert sich darüber, dass eine Chefdolmetscherin ein gutes Gehalt bekommt?

Übung 4: 1. ... zum Bekleidungsgeschäft Müller und Co. zu gehen. 2. sich die Anzüge in Ruhe anzuschauen. 3. anzuprobieren, was ihm gefällt. 4. ..., eines der Billigangebote ... zu nehmen. 5. den Anzug mit dem Streifenmuster zu kaufen. 6. sich auch bald ein Paar neue Schuhe zu kaufen.

Übung 5: Wussten Sie schon, 1. dass über 90 Millionen Menschen ... Deutsch ... sprechen? 2. dass die deutsche Sprache ... steht? 3. dass Saudi-Arabien und ... fördern? 4. dass die größten Erdöllieferanten ... sind? 5. dass der längste Eisenbahntunnel Europas ... ist? 6. dass Österreich ... ist? 7. dass nach Österreich ... sind? 8. dass die meisten Besucher ... aus den Niederlanden kommen? 9. dass 65 Prozent der Schweizer ... sprechen? 10. dass nur 18,4 Prozent der Schweizer ... sprechen?

Übung 6: 1. Mein Geschäftsfreund hat mich gebeten nach London zu fahren. 2. Mein Freund hat es mir erlaubt, mit seinem Wagen zu fahren. 3. Er hat mich dazu aufgefordert, ihn zu besuchen. 4. Das Reisebüro hat mir dazu geraten, im Urlaub an die Nordsee zu fahren. 5. Das Finanzamt hat mich dazu gezwungen, so viel Steuern zu zahlen. 6. Mein Nachbar hat mich dazu aufgefordert, das Radio leiser zu stellen. 7. Ein Bekannter hat mich davor gewarnt, abends durch den Park zu gehen. 8. Meine Bekannten haben mir davon abgeraten, in die Berge zu fahren.

Übung 7: 1. ..., dass ich jeden Morgen um fünf Uhr aufstehen muss. 2. dass die Mieter das Treppenhaus reinigen? 3. dass ihn immer wieder Hunde der Hausbewohner anfallen? 4. dass Sie mir den Teppich heute noch bringen? 5. dass ich dich endlich wiedersehe! 6. dass wir immer noch auf einen Telefonanschluss warten. 7. dass ihr euch eine Quittung über die Getränke geben lasst! 8. dass ich euch eure Ferienreise finanzieren kann.

Übung 9: 1. heute Abend zu der Versammlung zu kommen. 2. über den neuen Müllskandal zu sprechen. 3. weitere Firmen in das neue

Industriegebiet kommen. 4. sich die Stadt im vergangenen Jahr nicht weiter verschuldet hat. 5. mich für den Bau eines Flughafens in Stadtnähe einzusetzen. 6. heute Abend auch über mein Gespräch mit der Landesregierung zu berichten. 7. die Stadtverordneten regelmäßig freie Eintrittskarten fürs Theater bekommen. 8. man die Eintrittspreise für das Hallenbad erhöhen muss.

Übung 10: 1. den Schlüssel mitzunehmen. 2. ..., dass man Singvögel fängt und isst. 3. uns sofort eine Antwort zu geben. 4. die Formulare vollständig auszufüllen. 5. ..., dass ihn sein Partner vielleicht betrügt. / von seinem Partner vielleicht betrogen zu werden. 6. davor, zu schnell zu fahren. 7. seine Doktorarbeit zu korrigieren. 8. Flaschen und Papier nicht in den Mülleimer zu werfen. 9. ..., dass er wirklich im vorigen Jahr wieder geheiratet hat? 10. sich einen kleinen Hund zu kaufen.

Übung 11: 1. von dir vorige Woche einen Brief erhalten zu haben. 2. dir nicht früher geschrieben zu haben. 3. noch nie zu spät gekommen zu sein. 4. dich nicht früher informiert zu haben. 5. nicht früher zu einem Architekten gegangen zu sein. 6. mit diesem Brief endlich eine Anstellung gefunden zu haben. 7. sie mit meinem Vortrag gestern Abend nicht gelangweilt zu haben. 8. sie vorher nicht gewarnt zu haben. 9. aus dem Gefängnis entflohen zu sein. 10. gestern verschlafen zu haben und zu spät gekommen zu sein.

§ 17

Übung 1: 1. Habt ihr den Garten gekauft? 2. Habt ihr die Obstbäume gepflanzt? 3. Habt ihr die Beete selbst angelegt? 4. Waren die Beerensträucher schon im Garten? 5. Ist das Gartenhaus neu? 6. Habt ihr das (Gartenhaus) selbst gebaut? 7. Habt ihr keinen Bauplan gehabt? 8. Ist so ein Gartenhäuschen schwer zu bauen? 9. Ist das Material dazu billig? 10. Macht so ein Garten viel Arbeit?

Übung 2: 1. Haben Sie sich denn nicht beschwert? 2. Haben Sie Ihre Beschwerde denn nicht schriftlich eingereicht? 3. Haben Sie

Ihren Brief denn nicht sofort abgeschickt? 4. Sind Sie denn nicht sofort zum Finanzamt gegangen? 5. Haben Sie denn kein Steuergeld zurückbekommen? 6. Sind Sie denn nicht zufrieden? 7. Sind Sie denn nicht etwas traurig über den Verlust? 8. Bauen Sie denn nicht weiter?

Übung 3: 1. Nein, er verkauft kein Hammelfleisch. – Doch, er verkauft auch Hammelfleisch. 2. Nein, er macht keine Spezialschuhe. – Doch, er macht auch Spezialschuhe. 3. Nein, er ist kein Damenfrisör. – Doch, er ist auch Damenfrisör. 4. Nein, sie arbeitet nicht als Sekretärin. – Doch, sie arbeitet als Sekretärin. 5. Nein, man holt sich in der Kantine das Essen nicht selbst. – Doch, man holt sich ... 6. Nein, der Ober bedient nicht draußen im Garten. – Doch, der Ober bedient auch draußen ... 7. Nein, er bringt am Samstag keine Post. – Doch, er bringt auch am Samstag Post. 8. Nein, sie ist am Freitag nicht bis 17 Uhr geöffnet. – Doch, sie ist auch am Freitag ... geöffnet. 9. Nein, er hat ihr keine Fahrkarte gegeben. – Doch, er hat ihr ... gegeben. 10. Nein, sie hat keinen Sonntagsdienst eingerichtet. – Doch, sie hat auch einen ... eingerichtet. 11. Nein, er ist am Nachmittag nicht geschlossen. – Doch, er ist ... geschlossen. 12. Nein, es gibt am Samstag in der Schule keinen Unterricht. – Doch, es gibt auch am Samstag ... Unterricht.

Übung 4: 1. Nein, Gustav geht nicht mehr in den Kindergarten. 2. Nein, Dagmar hat noch keine Stelle. 3. Nein, Waltraut hat ihr Examen noch nicht gemacht. 4. Nein, Hilde arbeitet nicht mehr in dem Anwaltsbüro. 5. Nein, Ulli bleibt nicht mehr lange bei der Firma. 6. Nein, er hat noch nicht gekündigt. 7. Nein, Andreas hat noch keine Anstellung gefunden. 8. Nein, er kommt nur noch im Urlaub ... zurück. 9. Nein, er hat dort noch keine ... Stelle gefunden. 10. Doch, er bekommt eine Aufenthaltsgenehmigung, aber erst in vier Wochen. 11. Nein, der Bescheid ... kommt erst im nächsten Monat. 12. Doch, Gisela hat sich schon seit langem ... beworben. 13. Ja, aber erst in zwei Wochen. 14. Nein, wir sind noch nicht in Hamburg, erst in drei Stunden. 15. Ja, Herr Müller ist schon vor zehn Minuten gegangen.

Übung 5: 1. Nein, wir haben erst die Fenster im Wohnzimmer geputzt. 2. Nein, wir haben erst den Hausflur renoviert. 3. Nein, wir haben schon fast alle Türen gestrichen. 4. Nein, wir haben erst die Spüle in der Küche installiert. 5. Nein, wir haben schon alle Fußböden erneuert. 6. Nein, wir haben erst die Lampe im Treppenhaus aufgehängt.

Übung 6: 1. Nein, ich habe noch keine. 2. Nein, er hat es noch nicht bezahlt. 3. Nein, ich habe ihm noch nicht geschrieben. 4. Nein, ich habe noch keine Nachricht von ihm. 5. Nein, er hat mir noch nicht gedankt. 6. Nein, ich bin noch nicht müde. 7. Nein, wir haben noch keinen Hunger. 8. Nein, ich habe ihm noch nichts von dem Unfall / davon erzählt.

Übung 7: 1. Nein, ich habe kein (kein Geld) mehr. 2. Nein, ich habe keinen (Bruder) mehr. 3. Nein, ich habe nichts mehr übrig. 4. Nein, wir haben keine (Fotos) mehr von ihnen. 5. Nein, ich habe heute keinen (Unterricht) mehr. 6. Nein, ich habe keine (besonderen Wünsche) mehr. 7. Nein, ich bleibe nicht mehr lange hier. 8. Nein, ich möchte keinen (Wein) mehr.

Übung 8: 1. Wo wohnen Sie? 2. Wann sind sie geboren? 3. Um wieviel Uhr sind Sie durch den Park gegangen? 4. Wer hat Sie angefallen? 5. Was hat er Ihnen abgenommen? 6. Woher kam er? 7. Wohin ist er gelaufen? 8. Weshalb haben Sie nicht um Hilfe gerufen? 9. Wie groß war der Mann? 10. Wie sah er aus? 11. Was hatte er an? 12. Was für Schuhe trug er? 13. Wieviel Geld hatten Sie in der Brieftasche? 14. Was hatten Sie außerdem in der Brieftasche? 15. Wie viele Personen haben den Überfall gesehen? 16. Was für Verletzungen haben Sie erlitten?

Übung 9: 1. An wen haben Sie geschrieben? 2. Von wem haben Sie den Ring? 3. Hinter welchem Baum hat sich der Junge versteckt? 4. Was für ein Fahrrad hat sich dein Freund gekauft? 5. Wo liegt der Radiergummi? 6. Zum wie vielten Mal fährst du nach Österreich in Urlaub? 7. Wessen Motorrad ist das? 8. In welchem Teil des Friedhofs liegen deine Großeltern begraben? 9. Von welcher Seite haben die Bergsteiger den Mont Blanc bestiegen? 10. Am wie vielten April hat Mutter ihren sechzigsten Geburtstag? 11. Um wie viel Uhr kommt der Schnellzug hier an? 12. Wie viele Geschwister seid ihr? 13. Welches Bein tut dir weh? 14. Von wem hast du den Teppich? 15. Wie oft fährst du nach Marburg in die Klinik?

Übung 10: 1. In welchem Stockwerk wohnt sie? 2. Was für eine Wohnung hat sie? 3. Was / Wie viel kostet die Wohnung? 4. Wem gehört die Wohnung darunter? 5. Wie groß ist sie? 6. Seit wann / Wie lange wohnst du schon dort? 7. Mit wie viel(en) Personen wohnt ihr in der Wohnung? 8. Wie viele Einwohner hat euer Vorort? 9. Wie weit ist er von der Großstadt entfernt? 10. Wie lange brauchst du bis zu deinem Dienstort? 11. Mit welcher Linie fährst du? 12. Wann bist du wieder zu Hause?

Übung 11: 1. Wer fährt jeden Sommer in dieselbe Pension? – Die Familie Bug. Wem gehört die Pension? – Der Familie Moosbichl. Wann fährt die Familie Bug in diese Pension? – Jeden Sommer. Seit wann fährt die Familie Bug zur Familie Moosbichl? – Seit sieben Jahren. Warum fährt die Familie Bug schon so lange in dieselbe Pension? – Weil sie so herzlich wie Familienmitglieder begrüßt wird. (oder: Wie wird die Familie Bug in der Pension begrüßt? – So herzlich wie Familienmitglieder.) Warum wird die Familie Bug von der Familie Moosbichl so herzlich begrüßt? – Wahrscheinlich, weil sich beide Familien schon so lange und gut kennen. 2. Was unternimmt die Familie Bug manchmal in ihren Ferien? – Manchmal macht sie gemeinsam eine Wanderung. Wandert sie weite Strecken? – Ja, manchmal ist eine Wanderung zwanzig bis dreißig Kilometer lang. Wandert die Familie Bug immer gemeinsam? – Nein, manchmal geht Vater Bug mit den Kindern zum Bergsteigen in den Fels. Was macht Frau Bug in dieser Zeit? – Sie tätigt Einkäufe oder ruht sich in der Sonne aus. Wo tätigt Frau Bug ihre Einkäufe? – In der nahen Stadt. 3. Wann (Worüber) freut sich Mutter Bug? – Wenn alle Familienmitglieder wieder heil nach Hause gekommen sind. Warum freut sie sich darüber? – Weil Bergsteigen bekanntlich nicht ungefährlich ist.

§ 18

Übung 1: 1. muss 2. müssen 3. können
4. darf/kann 5. dürfen 6. darf/kann 7. müssen
8. dürfen 9. können; dürfen 10. darf 11. darf

Übung 2: 1. kann, muss 2. möchtest/willst
3. darf 4. muss/soll 5. willst/musst; Kannst/
Willst 6. möchten; soll/muss; kann; Möch-
ten/Wollen; Sollen; möchten/wollen

Übung 3: wollte – musste – konnte – hatte –
musste – konnte – beauftragte – sollte – wollte –
sagte – konnte – musste – musste – konnte

Übung 4: Er hat lange sparen müssen. Auf
den Kauf eines Grundstücks hat er verzichten
können, denn das hat er schon gehabt. Er hat
laut Vorschrift einstöckig bauen müssen. Den
Bauplan hat er nicht selbst machen können.
Deshalb hat er einen Architekten beauftragt;
dieser hat ihm einen Plan für den Bungalow
machen sollen. Der Architekt hat nur 1500
Mark dafür haben wollen; ein „Freundschafts-
preis", hat er gesagt. Einen Teil der Baukosten
hat der Vater finanzieren können. Trotzdem
hat sich Herr Müller noch einen Kredit besorgen müssen. Er hat zu den Banken ... laufen
müssen. Endlich hat er anfangen können.

Übung 5 a: 1. Nein, ich kann die Rechnung
nicht sofort bezahlen. 2. Nein, ich kann morgen Abend nicht zu eurer Party kommen.
3. Nein, ich kann mein Motorrad nicht selbst
reparieren. 4. Nein, ich kann im Urlaub nicht
ins Ausland fahren. 5. Nein, ich kann mir diesen Ledermantel nicht kaufen. 6. Nein, ich
kann nicht Türkisch sprechen.

Übung 5 b: 1. Nein, morgen muss ich Wäsche
waschen. 2. Nein, nächste Woche muss ich
nach München fahren. 3. Nein, nächstes Jahr
muss ich mein Examen machen. 4. Nein, heute
Abend muss ich meine Mutter besuchen.
5. Nein, jetzt muss ich nach Hause gehen.
6. Nein am Sonntag muss ich zu Hause bleiben
und lernen.

Übung 5 c: 1. Ich soll einen Aufsatz ... schreiben? Aber ich kann ihn nicht schreiben. 2. Ich

soll eine Reise ... machen? Aber ich kann sie
nicht machen. 3. Ich soll meinen Nachbarn ...
verklagen? Aber ich kann ihn nicht verklagen.
4. Ich soll meine Reisepläne aufgeben? Aber ich
kann sie nicht aufgeben. 5. Ich soll meinen
Hund ... bei meinem Nachbarn lassen? Aber
ich kann ihn nicht ... lassen. 6. Ich soll mir einen ... kaufen? Aber ich kann ihn mir nicht
kaufen.

Übung 6: Doch, aber ich konnte 1. es noch
nicht ausreißen. 2. ihn noch nicht pflanzen.
3. sie noch nicht gießen. 4. es noch nicht umgraben. 5. es noch nicht anlegen. 6. sie noch
nicht beschneiden. 7. sie noch nicht setzen.
8. ihn noch nicht streuen.

Übung 7: Ja, schon, aber ich habe 1. es noch
nicht ausreißen können. 2. ihn noch nicht
pflanzen können. 3. sie noch nicht gießen können. 4. es noch nicht umgraben können. 5. es
noch nicht anlegen können. 6. sie noch nicht
beschneiden können. 7. sie noch nicht setzen
können. 8. ihn noch nicht streuen können.

Übung 8: Nein, ich brauche 1. nicht aus der
Wohnung auszuziehen. 2. die Wohnung nicht
gleich zu räumen. 3. die Möbel nicht zu verkaufen. 4. keine neue Wohnung zu suchen.
5. die Wohnungseinrichtung nicht bar zu bezahlen. 6. den Elektriker nicht zu bestellen.
7. kein neues Schloss ... einbauen zu lassen.
8. keinen Wohnungsmakler einzuschalten.
9. keine Garage zu mieten. 10. den Hausbesitzer nicht zu informieren.

Übung 9: 1. Können die Autofahrer die Kinder ... nicht spielen sehen? Doch, sie können
sie spielen sehen. 2. Wollen Müllers heute
nicht auswärts essen gehen? Doch, sie wollen
auswärts essen gehen. 3. Will der kleine Junge
... nicht lesen lernen? Doch, er will jetzt lesen
lernen. 4. Will sich Herr Gruber ... machen lassen? Doch, er will sich einen ... machen lassen.
5. Kann man die Kinder ... nicht rufen und
schreien hören? Doch, man kann sie rufen und
schreien hören. 6. Dürfen die Studenten ...
nicht länger wohnen bleiben? Doch, sie dürfen
... länger wohnen bleiben. 7. Will sie sich nach
... nicht plötzlich scheiden lassen? Nein, sie
will sich ... nicht plötzlich scheiden lassen.

8. Wollen die Krankenschwestern die Patienten nicht gern warten lassen? Nein, sie wollen sie nicht gern warten lassen. 9. Darf der Autofahrer nicht am Straßenrand stehen bleiben? Doch, er darf ... stehen bleiben. 10. Will er ihm nicht suchen helfen? Doch, er will ihm suchen helfen.

Übung 10: 1. Haben die Autofahrer die Kinder ... nicht spielen sehen können? Nein, sie haben sie nicht spielen sehen können 2. Haben Müllers heute nicht auswärts essen gehen wollen? Nein, sie haben nicht auswärts essen gehen wollen. 3. Hat der kleine Junge ... lesen lernen wollen? Nein, er hat jetzt nicht lesen lernen wollen. 4. Hat sich Herr Gruber einen neuen Anzug machen lassen wollen? Nein, er hat sich keinen ... machen lassen wollen. 5. Hat man die Kinder ... nicht rufen und schreien hören können? Nein, man hat sie ... nicht rufen und schreien hören können. 6. Haben die Studenten ... nicht länger wohnen bleiben dürfen? Nein, sie haben ... nicht länger wohnen bleiben dürfen. 7. Hat sie sich nach ... nicht plötzlich scheiden lassen wollen? Nein, sie hat sich nach ... nicht plötzlich scheiden lassen wollen. 8. Haben die Krankenschwestern die Patienten nicht gern warten lassen wollen? Nein, sie haben sie nicht gern warten lassen wollen. 9. Hat der Autofahrer nicht am Straßenrand stehen bleiben dürfen?, Nein, er hat nicht am ... stehen bleiben dürfen. 10. Hat er ihm nicht suchen helfen wollen? Nein, er hat ihm nicht suchen helfen wollen.

Übung 11: Es ist (mir) klar, dass / Es ist (mir) bekannt, dass / Ich weiß, dass 1. sie sie nicht haben spielen sehen können. 2. sie heute nicht haben auswärts essen wollen. 3. er jetzt nicht hat lesen lernen wollen. 4. er sich hat keinen neuen Anzug machen lassen wollen. 5. man sie nicht ... hat rufen und schreien hören können. 6. sie nicht länger ... haben wohnen bleiben dürfen. 7. sie sich nach ... nicht plötzlich hat scheiden lassen wollen. 8. sie sie nicht haben warten lassen wollen. 9. er nicht am ... hat stehen bleiben dürfen. 10. er ihm nicht hat suchen helfen wollen.

Übung 12: 1. Siehst du das Haus brennen? 2. Siehst du Rauch aus dem Dach quellen?

3. Siehst du die Feuerwehr herbeieilen? 4. Hörst du die Leute um Hilfe rufen? 5. Hörst du das Vieh in den Ställen brüllen? 6. Siehst du einen Mann auf die Leiter steigen? 7. Seihst du die Kinder aus dem Fenster springen?

Übung 13: 1. Wir helfen euch die Betten machen. 2. Wir helfen euch den Tisch decken. 3. Wir helfen euch den Kaffee kochen. 4. Ich helfe dir das Essen austeilen. 5. Ich helfe dir das Geschirr spülen. 6. Wir helfen euch das Zimmer aufräumen.

Übung 14: 1. Verlegst du die Elektroleitungen selbst? Nein, ich lasse sie verlegen. 2. Installierst du die Heizung selbst? Nein, ich lasse sie installieren. 3. Streichst du die Fenster selbst? Nein, ich lasse sie streichen. 4. Baust du die Schränke selbst ein? Nein, ich lasse sie einbauen. 5. Legst du die Wohnung selbst mit Teppichen aus? Nein, ich lasse sie mit Teppichen auslegen. 6. Stellst du die Möbel selbst auf? Nein, ich lasse sie aufstellen.

Übung 15: 1. Ich habe das Haus brennen sehen. 2. Ich habe Rauch aus dem Dach quellen sehen. 3. Ich habe die Feuerwehr herbeieilen sehen. 4. Ich habe die Leute um Hilfe rufen hören. 5. Ich habe das Vieh in den Ställen brüllen hören. 6. Ich habe einen Mann auf die Leiter steigen sehen. 7. Ich habe die Kinder aus dem Fenster springen sehen.

Übung 16: 1. Wir haben euch die Betten machen helfen. 2. Wir haben euch den Tisch decken helfen. 3. Wir haben euch den Kaffee kochen helfen. 4. Ich habe dir das Essen austeilen helfen. 5. Ich habe dir das Geschirr spülen helfen. 6. Wir haben euch das Zimmer aufräumen helfen.

Übung 17: 1. Ich habe die Elektroleitungen verlegen lassen. 2. Ich habe die Heizung installieren lassen. 3. Ich habe die Fenster streichen lassen. 4. Ich habe die Schränke einbauen lassen. 5. Ich habe die Wohnung mit Teppichen auslegen lassen. 6. Ich habe die Möbel aufstellen lassen.

Übung 18: 1. Lernst du Maschine schreiben? Nein, aber die anderen haben Maschine schreiben gelernt. 2. Bleibst du hier wohnen? Nein, ... sind hier wohnen geblieben. 3. Gehst du Tennis spielen? Nein, ... sind Tennis spielen gegangen. 4. Lernst du Gitarre spielen? Nein, ... haben Gitarre spielen gelernt. 5. Gehst du tanzen? Nein, aber ... sind tanzen gegangen. 6. Bleibst du hier sitzen? Nein, aber ... sind hier sitzen geblieben.

§ 19

Übung 1 a: 1. Kartoffeln werden gerieben. 2. Salz wird hinzugefügt. 3. Fleisch wird gebraten. 4. Reis wird gekocht. 5. Salat wird gewaschen. 6. Gemüse wird geschnitten. 7. Würstchen werden gegrillt. 8. Milch, Mehl und Eier werden gemischt. 9. Teig wird gerührt. 10. Kuchen wird gebacken. 11. Sahne wird geschlagen. 12. Brötchen werden gestrichen und belegt.

Übung 1 b: 1. Kartoffeln wurden gerieben. 2. Salz wurde hinzugefügt. 3. Fleisch wurde gebraten. 4. Reis wurde gekocht. 5. Salat wurde gewaschen. 6. Gemüse wurde geschnitten. 7. Würstchen wurden gegrillt. 8. Milch, Mehl und Eier wurden gemischt. 9. Teig wurde gemacht. 10. Kuchen wurde gebacken. 11. Sahne wurde geschlagen. 12. Brötchen wurden gestrichen und belegt. .

Übung 2 a: 1. Besucher werden angemeldet. 2. Aufträge werden durchgeführt. 3. Gäste werden eingeladen. 4. Termine werden abgesprochen. 5. Die Post wird abgeholt. 6. Besprechungen werden vorbereitet. 7. Wichtige Papiere werden bereitgehalten. 8. Geschäftsfreunde werden angeschrieben.

Übung 2 b: 1. Besucher wurden angemeldet. 2. Aufträge wurden durchgeführt. 3. Gäste wurden eingeladen. 4. Termine wurden abgesprochen. 5. Die Post wurde abgeholt. 6. Besprechungen wurden vorbereitet. 7. Wichtige Papiere wurden bereitgehalten. 8. Gschäftsfreunde wurden angeschrieben.

Übung 3: 1. In der Kirche wird gebetet. 2. In der Schule wird gelernt. 3. An der Kasse wird gezahlt. 4. Auf dem Sportplatz wird Fußball gespielt. 5. Im Gesangverein wird gesungen. 6. In der Küche wird gekocht. 7. In der Bäckerei wird Brot gebacken. 8. Auf der Jagd wird geschossen. 9. Beim Frisör werden Haare geschnitten. 10. Im Schwimmbad wird geschwommen. 11. Auf dem Feld wird gesät und geerntet. 12. Beim Schuster werden Schuhe repariert. 13. Auf dem Eis wird Schlittschuh gelaufen. 14. In der Wäscherei wird Wäsche gewaschen.

Übung 4: 1. Der Fernseher wird abgeholt und repariert. 2. Die Geräte werden ins Haus gebracht. 3. Antennen werden installiert. 4. Die neuesten Apparate werden vorgeführt. 5. Die Kunden werden höflich bedient. 6. Günstige Angebote werden gemacht.

Übung 5: 1. Parteigegner werden bedroht. 2. Leute werden enteignet. 3. Unschuldige werden verurteilt. 4. Die anders Denkenden werden verteufelt. 5. Alles wird vorgeschrieben. 6. Die Zeitungen werden zensiert. 7. Rundfunk und Fernsehen werden beherrscht. 8. Unschuldige werden ins Gefängnis gesteckt. 9. Die Gefangenen werden misshandelt. 10. Die freie Meinung wird unterdrückt.

Übung 6 a: 1. Gemälde von Picasso wurden ausgestellt. 2. Zwei Mozartopern wurden aufgeführt. 3. Die Landesgartenschau wurde eröffnet. 4. Ein Komponist und zwei Dichter wurden geehrt. 5. Der Altürgermeister wurde zum Ehrenbürger der Stadt ernannt. 6. Ein Denkmal zur Erinnerung an einen Erfinder wurde errichtet. 7. Das neue Hallenbad wurde eingeweiht. 8. Ein Sängerwettstreit wurde veranstaltet. 9. Kulturfilme wurden vorgeführt. 10. Ein Rennen über 50 Jahre alter Automobile wurde gestartet.

Übung 6 b: 1. Gemälde von Picasson sind ausgestellt worden. 2. ... sind aufgeführt worden. 3. ... ist eröffnet worden. 4. ... sind geehrt worden. 5. ... ist ... ernannt worden. 6. ... ist errichtet worden. 7. ... ist eingeweiht worden. 8. ... ist veranstaltet worden. 9. ... sind vorgeführt worden. 10. ... ist gestartet worden.

Übung 7: 1. Es wurde berichtet, ... 2. Es wurde bekannt gegeben, ... 3. Es wurde behauptet, ... 4. Es wurde befürchtet, ... 5. Die Theorie wurde aufgestellt, … 6. Es wurde angenommen, … 7. Die Absicht wurde geäußert, … 8. Die Behauptung wurde aufgestellt, …

Übung 8: 1. Warum sind Parteigegner bedroht worden? 2. Warum sind Leute enteignet worden? 3. Warum sind Unschuldige verurteilt worden? 4. Warum sind die anders Denkenden verteufelt worden? 5. Warum ist alles vorgeschrieben worden? 6. Warum sind die Zeitungen zensiert worden? 7. Warum sind Rundfunk und Fernsehen beherrscht worden? 8. Warum sind Unschuldige ins Gefängnis gesteckt worden? 9. Warum sind die Gefangenen misshandelt worden? 10. Warum ist die freie Meinung unterdrückt worden?

Übung 9: 1. Ich bin nicht gebeten worden. 2. Ich bin nicht aufgefordert worden. 3. Ich bin nicht bedroht worden. 4. Ich bin nicht eingeladen worden. 5. Ich bin nicht geschädigt worden. 6. Ich bin nicht informiert worden. 7. Ich bin nicht abgeholt worden. 8. Ich bin nicht kontrolliert worden. 9. Ich bin nicht gewarnt worden. 10. Ich bin nicht befördert worden.

Übung 10: In der Mitte des Mehls wird eine Vertiefung gemacht. Zucker und Eier werden … verarbeitet. Auf diesen Brei wird … gegeben und etwas Mehl darübergestreut. Alles wird mit der Hand zusammengedrückt und … verarbeitet. Der Teig wird vorläufig kaltgestellt. Dann wird etwas … gegeben, der Teig (wird) ausgerollt und in die Form gelegt. Auf dem Teigboden wird viel … ausgestreut und das Obst daraufgelegt. Im … wird der Kuchen etwa 30 bis 35 Minuten gebacken.

Übung 11 a: 1. Die Seen dürfen nicht länger verunreinigt werden! 2. Die Luft darf nicht länger verpestet werden! 3. Die Erde darf nicht länger verseucht werden! 4. Pflanzen und Tiere dürfen nicht länger vergiftet werden! 5. Bestimmte Vogelarten dürfen nicht länger vernichtet werden! 6. Atommüll darf nicht länger ins Meer geworfen werden! 7. Radioaktiver Müll darf nicht länger in der Erde vergraben werden! 8. Die Gesundheit der Mitmenschen darf nicht länger durch Lärm ruiniert werden!

Übung 11 b: 1. Die Felder müssen gepflügt werden. 2. Die Saat muss ausgesät werden. 3. Die Äcker müssen gedüngt werden. 4. Die Ställe müssen gesäubert werden. 5. Die Melkmaschine muss gereinigt werden. 6. Die Bäume müssen gefällt werden. 7. Holz muss gesägt werden. 8. Ein Schwein muss geschlachtet werden. 9. Das Gras muss geschnitten werden. 10. Heu muss gewendet werden. 11. Äpfel und Birnen müssen gepflückt werden.

Übung 11 c: 1. Die Patienten müssen gewogen werden. 2. Die Größe der Patienten muss festgestellt werden. 3. Der Puls der Kranken muss gezählt und das Fieber gemessen werden. 4. Beides muss auf einer Karte eingezeichnet werden. 5. Spritzen müssen gegeben und Medikamente ausgeteilt werden. 6. Blut muss abgenommen und ins Labor geschickt werden. 7. Karteikarten müssen ausgefüllt werden. 8. Die Kranken müssen getröstet und beruhigt werden.

Übung 12: 2. Sträucher sollen angepflanzt werden. 3. Straßen sollen verbreitert werden 4. Ein Busbahnhof soll angelegt werden. 5. Neue Buslinien sollen eingerichtet werden. 6. Der Sportplatz soll vergrößert werden. 7. Das Clubhaus soll ausgebaut werden. 8. Das Gasleitungsnetz soll erweitert werden. 9. Die alte Schule soll abgerissen werden. 10. Eine neue Schule soll errichtet werden. 11. Das hässliche Amtsgebäude soll abgebrochen werden. 12. Der Verkehrslärm soll eingeschränkt werden. 13. Neue Busse sollen angeschafft werden. 14. Die Straßen der Innenstadt sollen entlastet werden. 15. Fußgängerzonen sollen eingerichtet werden. 16. Ein Denkmal soll errichtet werden. 17. Luftverschmutzer sollen festgestellt werden. 18. Der Fremdenverkehr soll angekurbelt werden. 19. Leerstehende Häuser sollen enteignet werden. 20. Historische Feste sollen veranstaltet werden. 21. Ein Stadtplan soll herausgegeben werden. 22. Die Durchfahrt des Fernverkehrs durch die Stadt soll verhindert werden. 23. Die Rathausfenster sollen angestrichen werden. 24. Radfahrwege sollen angelegt werden. 25. Grünflächen sollen eingeplant werden.

Übung 13: Gestern Abend wurde der Feuerwehr ein leichter Brandgeruch in der Nähe der Großmarkthalle gemeldet. Sofort wurden drei Feuerwehrwagen an den Ort geschickt, aber der Brandherd konnte zunächst nicht festgestellt werden, weil der Eingang zur Großmarkthalle mit ... versperrt worden war. Als die Sachen endlich weggeräumt worden waren, musste noch das eiserne Gitter vor dem Hallentor aufgesägt werden, denn in der Eile war vergessen worden, ... Immer wieder mussten die neugierigen Zuschauer zurückgedrängt werden. Nachdem endlich die Türen aufgebrochen worden waren, wurden die Löschschläuche in das Innere der Halle gerichtet. Erst nach etwa zwei Stunden konnte das Feuer unter Kontrolle gebracht werden. Es wurde bekannt gegeben, dass die Hälfte aller Waren in der Markthalle vernichtet worden ist / worden war. Erst spät in der Nacht wurden die letzten Brandwachen vom Unglücksort abgerufen.

Übung 14: Gestern Morgen wurde der Seenotrettungsdienst in Cuxhaven alarmiert, weil ein steuerlos treibendes Boot in ... gesehen worden war. Wegen des heftigen Sturms konnten die Rettungsboote nur ... gebracht werden. Über Funk wurde den Männern vom Rettungsdienst der genaue Kurs bekannt gegeben. Mit Hilfe ... konnten die drei Jugendlichen aus dem teibenden Boot an Bord gezogen werden, wo sie sofort in warme Decken gewickelt und mit heißem Grog gestärkt wurden. Vorgesten Nachmittag waren die drei Jungen von dem starken Ostwind in ihrem Segelboot auf die Elbe hinausgetrieben worden, wo ... Erst bei Anbruch der Dunkelheit konnten sie gesichtet werden. Ihre Hilferufe waren von niemandem gehört worden. Wegen des Verdachts einer Lungenentzündung musste der Jüngste der drei in ein Krankenhaus eingeliefert werden; die anderen wurden auf einem Polizeischnellboot nach Hamburg zurückgebracht, wo sie von ihren Eltern schon erwartet wurden.

§ 20

Übung 1: 1. ..., aber er soll unschuldig gewesen sein. 2. Sie mag Recht haben. 3. Er soll sein ganzes Vermögen an eine Hilfsorganisation ver-

schenkt haben. 4. Der Zeuge will den Unfall genau gesehen haben. 5. ... und muss stockdunkel gewesen sein. 6. Wer will die ... Strecke ... gelaufen sein. 7. Der Angeklagte will von ... angegriffen worden sein. 8. Der Angeklagte muss sich in ... befunden haben. 9. Wie mag dem Angeklagten zumute gewesen sein? 10. Der Angeklagte kann die Tat nur ... begangen haben.

Übung 2: *sollen*: So wurde der Polizei berichtet. (genauere Informationen fehlen) *sollen*: So berichtete man es der Polizei. (genauere Informationen fehlen) *wollen*: Das behauptet der Überfallene. (unbewiesene Behauptung) *sollen*: So wurde berichtet. (genauere Informationen fehlen) *können*: Die Möglichkeit besteht. (Vermutung mit 50%iger Sicherheit/Unsicherheit) *sollen*: So heißt es. (Vermutung, aber genauere Informationen fehlen) *müssen*: Das vermutet der Brückenbauer. (Vermutung mit etwa 90%iger Wahrscheinlichkeit)

Übung 3: 1. muss (logische Schlussfolgerung) 2. magst (Vermutung; vielleicht ist es so) 3. soll (angezweifelte Behauptung; so wird berichtet) 4. will (unbewiesene Behauptung) 5. soll (Behauptung ohne genauere Informationen); dürfte (das ist unwahrscheinlich); kann (die Möglichkeit besteht) oder: mag (Vermutung; vielleicht ist es so) 6. soll (so wird berichtet, aber genauere Informationen fehlen) 7. müsste (Vermutung mit hoher Wahrscheinlichkeit) 8. muss (logische Schlussfolgerung; Vermutung mit etwa 90%iger Wahrscheinlichkeit) 9. kannst (vermutete Möglichkeit mit 50%iger Sicherheit/Unsicherheit); muss (logische Schlussfolgerung; Vermutung mit etwa 90%iger Wahrscheinlichkeit) 10. will (unbewiesene Behauptung) 11. kann nicht (das ist eigentlich nicht möglich; Sicherheit/Unsicherheit von 50%) 12. muss (logische Schlussfolgerung; Vermutung mit 90%iger Wahrscheinlichkeit)

Übung 4: 1. Der Vater war vielleicht 72 Jahre alt, als er starb. 2. Wie man sich erzählt, hat der Sohn das Millionenerbe ... verkauft. 3. Sein Onkel selbst sagt, dass er davon nichts gewusst hat. 4. Möglicherweise hat der Sohn alles verkauft, aber ...? 5. Ich habe gehört, dass er Spieler gewesen ist. 6. Mit großer Wahrscheinlichkeit hat er das ganze Geld ... verjubelt. 7. Ein

Bekannter glaubt, dass er ihn … gesehen hat / ihn gesehen zu haben. 8. Angeblich hat er … ausgesehen.

Übung 5: 1. Im Krankenhaus der Stadt B. sollen im letzten Jahr viele Millionen Mark veruntreut worden sein. 2. Ein junger Arzt will gehört haben, … 3. … dürften davon gar nichts gewusst haben. 4. Der Chefarzt soll vor kurzem … geheiratet haben. 5. Die Beamten des Gesundheitsministeriums müssen schon seit langem über die Unterschlagungen im Krankenhaus informiert gewesen sein. 6. Einige Beamte sollen sogar bestochen worden sein. 7. Außerdem sollen alle Akten aus den Geschäftsräumen … verschwunden sein. 8. Unter den verschwundenen Medikamenten können auch Drogen gewesen sein. 9. Ein verhafteter Drogenhändler will seinen „Stoff" immer … abgeholt haben. 10. Auch Verbandszeug und Kopfschmerztabletten können verschoben worden sein. 11. Nach einem Zeitungsartikel soll der Chefarzt … abgehoben haben. 12. Die Patienten müssen unter … sehr gelitten haben. 13. Der Prozess gegen den Chefarzt … könnte noch in diesem Jahr eröffnet werden.

Übung 6: 1 a) Es wird berichtet, dass Äsop, …, ein Sklave gewesen ist. b) Wahrscheinlich hat er … in Kleinasien gelebt. 2 a) Es wird erzählt, dass der Graf … 1762 erfunden hat. b) Man sagt, dass er auf die Idee gekommen ist, weil … 3. Es ist möglich, dass der Hund schon … dem Menschen gedient hat. 4. Wissenschaftler sagen, dass die fruchtbare Lösserde … vermutlich vom Wind … nach Europa herübergetragen worden ist. 5 a) Es wird behauptet, dass der Vogel Strauß … seinen Kopf in den Sand steckt. b) Das ist sehr wahrscheinlich ein Märchen. 6. Man sagt, dass man ein Straußenei … kochen muss, um es essen zu können. 7 a) Man erzählt, dass der Wanderfalke … fliegen kann. b) Vielleicht stimmt das, aber … 8. Man behauptet, dass die Seeschwalbe, …, jahrelang pausenlos übers Meer fliegt. 9. … Es ist möglich, dass es ihn tatsächlich gegeben hat; bewiesen …

§ 21

Übung 1: 1. Ja, er wird seine Stellung als Ingenieur wahrscheinlich aufgeben. 2. Ja, er wird wahrscheinlich ins Ausland gehen. 3. Ja, er wird wahrscheinlich in Brasilien bleiben. 4. Ja, er wird wahrscheinlich noch in diesem Jahr rüberfliegen. 5. Ja, er wird seine Familie wahrscheinlich gleich mitnehmen. 6. Ja, seine Firma wird ihm dort wahrscheinlich eine Wohnung besorgen.

Übung 2: Sie wird 1. schon die Schallplatten wieder eingeordnet haben. 2. schon die Wohnung aufgeräumt haben. 3. schon die Möbel an den alten Platz gestellt haben. 4. schon das Geschirr gespült und in den Schrank geräumt haben. 5. schon den Teppich abgesaugt haben. 6. sich schon ins Bett gelegt haben. 7. schon eingeschlafen sein.

Übung 3: 1. Werden die Zimmerpflanzen eingegangen sein? 2. Werden die Möbel sehr verstaubt sein? 3. Werden die Teppiche nicht gestohlen worden sein? 4. Werden die Blumen im Garten verblüht sein? 5. Werden die Pflanzen auf dem Balkon vertrocknet sein? 6. Wird die Nachbarin die Post aufgehoben haben?

Übung 4: 1. Sie werden wahrscheinlich schon nach Hause gegangen sein. 2. Er wird sich sicher inzwischen erholt haben. 3. Sie wird sie ganz sicher mitgenommen haben. 4. Sie werden ihn wahrscheinlich noch bekommen haben. 5. Er wird sich bestimmt ein Taxi zum Bahnhof genommen haben.

Übung 5: 1. Der Lastwagen wird inzwischen aus dem Graben gezogen worden sein. 2. Die Polizei wird sofort benachrichtigt worden sein. 3. Niemand wird ernstlich verletzt worden sein. 4. Dem betrunkenen Fahrer wird der Führerschein entzogen worden sein. 5. Die Ladung wird inzwischen von einem anderen Lastwagen übernommen worden sein.

§ 22

Übung 1: 1. Ja, ich habe es ihr verraten. 2. Ja, sie hat sie mir beantwortet. 3. Ja, er hat es mir empfohlen. 4. Ja, sie hat sie ihnen zugeschickt. 5. Ja, er hat ihnen schon eine zugesandt. 6. Ja, sie hat ihr einen geschenkt. 7. Ja, er hat es ihm zurückgesandt. 8. Ja, sie hat sie mir verschwiegen. 9. Ja, er hat sie mir versprochen. 10. Ja, sie liefert sie ihnen kostenlos ins Haus. 11. Ja, ich leihe es ihm. 12. Ja, er hat ihn ihm zurückgegeben. 13. Ja, sie haben es ihnen erzählt. 14. Ja, ich borge es ihr. 15. Ja, er hat sie ihnen bewiesen. 16. Ja, ich teile sie ihnen mit. 17. Ja, er hat ihn ihnen weggenommen. 18. Ja, er verbietet sie ihnen.

Übung 2: 1. Hat die Hausfrau dem Nachbarn die Pflege der Blumen anvertraut? Ja, sie hat sie ihm anvertraut. 2. Hat die Tochter dem Vater die Frage beantwortet? Ja, sie hat sie ihm beantwortet. 3. Hat der Angeklagte dem Richter seine Unschuld bewiesen? Ja, er hat sie ihm bewiesen. 4. Hat Udo meinem Freund das Moped geborgt? Ja, er hat es ihm geborgt. 5. Hat der Briefträger der Einwohnern die Post jeden Morgen um 9 Uhr gebracht? Ja, er hat sie ihnen jeden Morgen um 9 Uhr gebracht. 6. Hat er den Kindern Märchen erzählt? Ja, er hat ihnen Märchen erzählt. 7. Hat der Bürgermeister dem Brautpaar die Urkunden gegeben? Ja, er hat sie ihnen gegeben. 8. Hat Gisela dem Nachbarn das Fahrrad gern geliehen? Ja, sie hat es ihm gern geliehen. 9. Hat das Versandhaus dem Kunden die Ware ins Haus geliefert? Ja, es hat sie ihm ins Haus geliefert. 10. Hat sie der Tante das Geburtstagsgeschenk geschickt? Ja, sie hat es ihr geschickt. 11. Hat Hans dem Chef die Kündigung aus Frankreich geschickt? Ja, er hat sie ihm aus Frankreich geschickt. 12. Hat das Warenhaus dem Kunden den Kühlschrank ins Haus gesandt? Ja, es hat ihn ihm ins Haus gesandt. 13. Hat der Angestellte dem Chef seine Kündigungsabsicht verschwiegen? Ja, er hat sie ihm verschwiegen. 14. Hat die Zollbehörde dem Ausländer die Einreise verweigert? Ja, sie hat sie ihm verweigert. 15. Hat die Diebesbande den Fahrgästen im Schlafwagen das Geld entwendet? Ja, sie hat es ihnen entwendet. 16. Hat die Polizei dem Busfahrer den Führerschein entzogen? Ja, sie hat ihn ihm entzogen. 17. Hat der Motorradfahrer der Dame die Tasche im Vorbeifahren geraubt? Ja, er hat sie ihr im Vorbeifahren geraubt. 18. Hat meine Freundin ihren Eltern dieses Teeservice zu Weihnachten geschenkt? Ja, sie hat es ihnen zu Weihnachten geschenkt. 19. Hat ein Dieb dem Junggesellen die ganze Wohnungseinrichtung gestohlen? Ja, ein Dieb hat sie ihm gestohlen. 20. Hat der Vater dem Sohn zum Abitur das Geld für eine Italienreise versprochen? Ja, er hat es ihm versprochen.

Übung 3: 1. Ja, ich hab' sie ihm beantwortet. 2. Ja, ich hab' ihn ihnen mitgeteilt. 3. Ja, ich hab' es ihnen verboten. 4. Ja, ich hab' sie ihr geschickt. 5. Ja, ich hab' es ihm gestattet. 6. Ja, ich hab' ihn ihr überlassen. 7. Ja, ich hab sie ihm gesagt. 8. Ja, ich hab' sie ihm verschwiegen. 9. Ja, ich hab' ihn ihnen weggenommen. 10. Ja, ich hab' sie ihnen schon gezeigt. 11. Ja, ich hab' ihr einen (Ausflug) versprochen. 12. Ja, ich hab' ihnen einen (Gruß) geschickt.

Übung 4: 1. Heute hat er mich wieder furchtbar geärgert. 2. Gestern hat es dir dein Vater doch ganz anders dargestellt. 3. Zufällig haben wir ihn auf dem Weg nach Hause getroffen. 4. Die Frage hat er mir leider immer noch nicht beantwortet. 5. Seit zehn Jahren steht der Koffer bei uns im Keller. 6. Mich habt ihr überhaupt nicht beachtet. 7. Trotz der Sonnenbrille hat ihn der Zeuge sofort erkannt. 8. Wütend hat sie ihm die Tür vor der Nase zugeschlagen. 9. In der Nacht hat es stark geregnet. 10. Bis heute hat sie es mir verschwiegen. 11. Den Jugendlichen hat er mit seinem Zeitungsartikel nur geschadet. 12. Seit drei Monaten bringt mir der Bäcker die Brötchen ins Haus. 13. Natürlich ist sie immer vorsichtig gefahren. 14. Vor Ärger schlug der Bauer mit der Faust auf den Tisch. 15. Übermorgen gibt er die Papiere zurück. 16. Vorsichtshalber erklärte sie uns die ganze Sache noch einmal. 17. Schon seit langem hat ihnen der Nachbar misstraut. 18. Mir geht es eigentlich gut. 19. Aus Sicherheitsgründen liegt das Gold im Keller der Bank. 20. Bestimmt hat es euch der Beamte gesagt.

Übung 5: 1. er ihnen 2. Er – sie ihm 3. es ihm 4. Er – es ihr 5. sie ihm 6. sie ihr 7. er – ihn ihnen 8. es ihnen 9. sie ihn ihm 10. sie – es ihm 11. sie ihnen 12. sie – ihn ihr

Übung 6: 1. mein neues Auto leider meinem Freund 2. es gestern gegen einen Baum 3. mir gestern mit einem Fax seine Ankunft in New York 4. mir wahrscheinlich erst am kommenden Montag den neuen Kühlschrank 5. heute mit den Schülern über die neuen Bestimmungen 6. mir zum 31.12. die Wohnung 7. ihrer Tochter einen Studienaufenthalt in England 8. ihrem Angestellten zum 70. Geburtstag eine Kiste Sekt 9. mir für seine Schwester ein Paket 10. dem Chef eine Ansichtskarte aus Rom

Übung 7: 1. Leider habe ich meinem Freund mein neues Auto geliehen. 2. Gestern hat der Unglückliche es gegen einen Baum gefahren. 3. Mit einem Fax teilte er mir gestern seine Ankunft in New York mit. 4. Den neuen Kühlschrank wird mir die Firma wahrscheinlich erst am kommenden Montag liefern. 5. Heute sprachen die Lehrer mit den Schülern über die neuen Bestimmungen. 6. Die Wohnung hat mir der Hausherr zum 31.12. gekündigt. 7. Ihrer Tochter bezahlten die Eltern einen Studienaufenthalt in England. 8. Zum 70. Geburtstag hat die Firma ihrem Angestellten eine Kiste Sekt geschenkt. 9. Für seine Schwester hat er mir ein Paket mitgegeben. 10. Aus Rom haben meine Kollegen dem Chef eine Ansichtskarte geschickt.

Übung 8: 1. Er kam gegen 9 Uhr aufgeregt ins Büro. 2. Sie hat uns wegen ihrer Krankheit bis jetzt noch nicht geantwortet. 3. Er teilt mir erst morgen das Ergebnis der Besprechung mit. 4. Sie steigt wegen ihrer Verletzung jetzt immer langsam und vorsichtig in die Straßenbahn ein. 5. Der Bus fährt ab heute wegen der Umleitung an unserem Haus vorbei. 6. Er hat ihr voller Wut den Brief auf den Schreibtisch gelegt. 7. Sie hat gestern dummerweise ihre Tasche im Zug vergessen. 8. Er hat es sich immer genau so vorgestellt. 9. Er gab dem Professor nach dem Examen mit Absicht das falsche Buch zurück. 10. Sie hat heute morgen wegen der bösen Bemerkungen ihres Mannes wütend die Wohnung verlassen. 11. Er brachte mir erst gegen Mitternacht mit einer Entschuldigung den geliehenen Mantel ins Hotel.

Übung 9: 1. Ein Bauer hat bei einer Jagdgesellschaft seinem Fürsten aus Versehen auf den Fuß getreten. 2. Der Gast überreichte der Dame des Hauses zu ihrem 75. Geburtstag mit freundlichen Worten einen Blumenstrauß an der Wohnungstür. / … an der Wohnungstür mit freundlichen Worten einen Blumenstrauß. 3. Die junge Frau gab ihrem Mann zum Abschied einen Kuss an der Autotür. / … an der Autotür einen Kuss. 4. Der Arzt legte dem Fieberkranken vor der Untersuchung prüfend die Hand auf die Stirn. 5. Die Versammelten verurteilten Anfang Februar einstimmig den Einmarsch fremder Truppen in ein fremdes Land. 6. Der Verfolgte sprang kurz vor seiner Verhaftung mit letzter Kraft über den Gebirgsbach. 7. Der Motorradfahrer riss einer alten Dame gestern gegen 17 Uhr die Einkaufstasche aus der Hand. / … gestern gegen 17 Uhr einer alten Dame die Einkaufstasche aus der Hand. 8. Der Vater zog dem schlafenden Sohn um 11 Uhr wütend die Decke weg. / … um 11 Uhr dem schlafenden Sohn wütend die Decke weg. 9. Du hast mir diese Geschichte schon gestern in der Mensa erzählt. 10. Er bot es ihm zum zweiten Mal mit freundlichen Worten an. / … mit freundlichen Worten zum zweiten Mal an. 11. Ich habe mich ihm selbstverständlich auf der Party vorgestellt.

Übung 10: 1. Aufgeregt kam er gestern gegen 9 Uhr ins Büro. 2. Wegen ihrer Krankheit hat sie uns bis jetzt noch nicht geantwortet. 3. Das Ergebnis der Besprechung teilt er mir erst morgen mit. 4. Wegen ihrer Verletzung steigt sie jetzt immer langsam und vorsichtig in die Straßenbahn ein. 5. Wegen der Umleitung fährt der Bus ab heute an unserem Haus vorbei. 6. Voller Wut hat er ihr den Brief auf den Schreibtisch gelegt. 7. Dummerweise hat sie gestern ihre Tasche im Zug vergessen. 8. Genau so hat er es sich immer vorgestellt. 9. Nach dem Examen gab er dem Professor mit Absicht das falsche Buch zurück. 10. Wegen der bösen Bemerkungen ihres Mannes hat sie heute morgen wütend die Wohnung verlassen. 11. Erst gegen Mitternacht brachte er mir mit einer Entschuldigung den geliehenen Mantel ins Hotel.

§ 23

Übung 1 a: 1. ... übte Pistolenschießen und zerstörte ... 2. ... hatte Dosen ... gestellt und versuchte, ... 3. ... traf er die Gasuhr und Gas strömte ... 4. ... Gas entzündete sich an einer Zigarette und es entstand ... 5. ... Wohnungen ... zerstört und der Nachtwächter musste ...

Übung 1 b: 1. ... wollte ... reinigen und zerstörte ... 2. ... war ... sparsam und wollte ... 3. ... schüttete ... in die Waschmaschine und stellte ... 4. ... schaltete ... an und dann ging ... 5. ... gab es ... Explosion und ein Teil des Hauses ... 6. ... wurde gerufen und die Löscharbeiten ... 7. ... war ... gegangen und dort wurde sie ... 8. ... erlitt ... Schock und deshalb musste sie ...

Übung 1 c: 1. ... hatten ... beendet und nun saßen sie ... 2. ... war ... kalt und die Jäger waren ... 3. ... freuten sich über die Wärme und legten immer wieder ... 4. ... erzählten sie ... Jagdgeschichten und niemand achtete ... 5. ... hatten ... gestellt und die Hunde waren ... 6. ... kamen in Streit und ein Gewehr ... 7. ... löste sich ein Schuss und traf ... 8. ... standen um ... Hund und waren ... 9. ... packten ... zusammen und fuhren ...

Übung 1 d: 1. ... gingen durch ... Park und beobachteten ... 2. ... hatte ... am Boden, schnüffelte, suchte ... etwas und begann ... 3. ... hatte ... zwischen den Zähnen, spielte damit und biss ... 4. ... kam ... angelaufen, jagte den Hund, packte und schüttelte ihn und riss ihm ... 5. ... lief ... auf die Wiese und die Spaziergänger ... 6. ... ließ ... los und lief ... 7. ... nahm ... auf den Arm, tröstete und beruhigte ihn und brachte ... 8. ... benahm sich ... wie ein Betrunkener, lief von ... zur anderen und schlief plötzlich ... 9. ... war beunruhigt, telefonierte nach einem Taxi und fuhr ... 10. ... untersuchte das Tier, stellte ... fest und gab der Dame ... 11. ... rief ... an, erzählte ihr Erlebnis und erhielt die Auskunft, ... 12. ... beschrieb den Mann, gab den Ort ... an und vier Polizisten machten ...

Übung 2: 1. Aber er hat doch zuviel Geld ausgegeben. Er hat aber doch ... 2. Aber er hat doch zu undeutlich geschrieben. Er hat aber doch ... 3. Aber er ist doch zu spät gekommen. Er ist aber doch ... 4. Aber er ist doch zu schnell gelaufen. Er ist aber doch ... 5. Aber er hat sich doch zu viel gefallen lassen. Er hat sich aber doch zu viel ... 6. Aber er hat doch zu hastig gegessen. Er hat aber doch zu ... 7. Aber er hat sich doch zu leicht angezogen. Er hat sich aber doch zu ... 8. Aber er hat doch zuviel fotografiert. Er hat aber doch zuviel ...

Übung 3: 1. Der Eisenofen ist ein Ofen aus Eisen, der Holzofen aber ist ein Ofen für Holz. 2. Der Porzellanteller ist ein Teller aus Porzellan, der Suppenteller aber ist ein Teller für Suppe. 3. Der Holzkasten ist ein Kasten aus Holz, der Kohlenkasten aber ist ein Kasten für Kohlen. 4. Die Ledertasche ist eine Tasche aus Leder, die Schultasche aber ist eine Tasche für die Schule. 5. Das Papiertaschentuch ist ein Taschentuch aus Papier, das Herrentaschentuch aber ist ein Taschentuch für Herren. 6. Das Baumwollhemd ist ein Hemd aus Baumwolle, das Sporthemd aber ist ein Hemd für den Sport. 7. Die Lederschuhe sind Schuhe aus Leder, die Wanderschuhe aber sind Schuhe zum Wandern. 8. Der Plastikbeutel ist ein Beutel aus Plastik, der Einkaufsbeutel aber ist ein Beutel zum Einkaufen.

Übung 4: 1. Sie kaufen die Erdbeeren nicht fertig im Korb, sondern (sie) pflücken sie selbst! 2. Sie haben ... Beeren, denn was Ihnen nicht gefällt, ... 3. Wir können ... bedienen, denn wir zahlen ... 4. Besuchen Sie uns bald, denn wir sind ... 5. Viele kommen nicht allein, sondern sie bringen ... mit. 6. Bringen Sie ... mit, denn sie sind ... gut aufgehoben. 7. Sie sparen nicht nur Geld, sondern Sie machen ... 8. Sie sind nicht einsam, denn die Sammler haben sich ... 9. Erdbeermarmelade kann man ... essen, aber auch Erdbeersaft ist ... 10. Essen Sie ... Erdbeeren, denn das ist gesund!

Übung 5: 1. Ilse möchte ... in den Süden fahren, denn sie liebt ... 2. Willi und Helga möchten ... fahren, aber sie müssen ... zu Hause bleiben, denn ihr Junge ist krank. 3. Ich verbringe ... nicht auf einem Bauernhof, sondern ich bleibe zu Hause, denn ich muss sparen. 4. Fritz macht keinen Urlaub auf dem Bauernhof, denn er arbeitet lieber ... 5. Ruth bleibt ... zu Hause, denn sie will ... fliegen und dafür muss sie fleißig sparen. 6. Wolfgang und Heidi fliegen nicht nach Spanien, sondern sie fahren ... an die Nordsee, denn für die Kinder ist ... 7. Eberhard will ins Hochgebirge, denn er klettert gern, aber seine Mutter ist ... nicht begeistert. 8. Rosemarie fährt ... nach Wien oder besucht ihre Verwandten in Leipzig.

§ 24

Übung 1: 1. allerdings 2. dennoch 3. deshalb/deswegen 4. darum 5. trotzdem/dennoch 6. darum/daher/deshalb/deswegen 7. trotzdem/dennoch 8. trotzdem 9. darum/deshalb 10. deshalb; trotzdem/dennoch 11. deshalb/deswegen 12. trotzdem/dennoch 13. trotzdem 14. darum/deshalb/daher

Übung 2: 1. ... a) trotzdem essen wir sie jetzt. b) deshalb müssen sie ... 2. a) trotzdem läuft der Junge ... b) darum ist das Betreten ... 3. a) deshalb lässt sie sie stehen. b) trotzdem nimmt sie sie ... 4. a) deshalb geht er ... b) trotzdem bleibt er ... 5. a) trotzdem wollen sie ... b) deshalb machen sie ... 6. a) trotzdem rauchen einige Leute ... b) darum machen die meisten Leute ... 7. a) trotzdem wollen die meisten Autobesitzer ... b) darum fahren immer mehr Personen ... 8. a) darum bleibt sie ... b) trotzdem geht sie ... 9. a) trotzdem geht er ... b) deshalb hat er ... 10. a) deshalb kann er sich ... b) trotzdem ist er ... 11. a) trotzdem essen viele Menschen ... b) deshalb sind viele Leute ... 12. a) trotzdem wiegt sie ... b) deshalb ist sie ...

Übung 3: (zum Beispiel) 1. war es nur wenig besucht. 2. waren sie nach kurzer Zeit schon furchtbar satt. 3. mussten wir eine Umleitung fahren. 4. wurde heftig diskutiert. 5. war die Atmosphäre sehr gespannt. 6. waren sie beruhigt. 7. war Baden unmöglich. 8. müssen strengere Sicherheitsmaßnahmen getroffen werden. 9. mussten wir neu planen. 10. ist a gleich b.

Übung 4: 1. Das Wasser ist zwar kalt, aber wir gehen (doch) schwimmen. 2. Das Bild ist zwar teuer, aber das Museum kauft es (doch). 3. Ich wollte jetzt zwar schlafen, aber ich helfe dir (doch) erst. 4. Genf ist zwar 600 Kilometer von Frankfurt entfernt, aber wir schaffen die Strecke (doch) in fünf bis sechs Stunden. 5. Der Patient ist zwar sehr schwach, aber er muss (doch) sofort operiert werden. 6. Ich habe dir meinen Plan zwar neulich erklärt, aber ich erkläre dir jetzt (doch) alles noch einmal. 7. Du bist zwar ein kluger Kopf, aber alles verstehst du (doch) auch nicht. 8. Meine Eltern tun zwar alles für mich, aber meinen Studienaufenthalt können sie (doch) nicht bezahlen. 9. Deutschland gefällt mir zwar ganz gut, aber die Schweiz gefällt mir (doch) besser. 10. Die Schweiz ist zwar schön, aber in Österreich lebt man (doch) billiger.

Übung 5: 1. dann; daraufhin 2. dann 3. da 4. da 5. da 6. dann 7. da 8. dann 9. da; dann; Daraufhin/Da; Dann/Daraufhin; dann

Übung 6: da – dann – darum/also – also – dann – trotzdem – daraufhin

Übung 7: 1. Entweder studiert Helga Medizin, oder sie besucht die Musikhochschule. 2. Entweder erhält er jetzt die Stelle als Ingenieur in Stuttgart, oder er nimmt eine Stelle in der Schweiz an. 3. Entweder macht mein Bruder den Facharzt, oder er wird praktischer Arzt. 4. Entweder nimmt der Arbeitslose die angebotene Stelle an, oder er verliert die Arbeitslosenunterstützung. 5. Entweder besteht Fritz jetzt das Abitur, oder er muss die Schule verlassen. 6. Entweder erhält meine Mutter jetzt eine Stelle als Sekretärin, oder sie gibt eine neue Stellenanzeige in der Zeitung auf. 7. Entweder bekomme ich ab Januar eine Gehaltserhöhung, oder ich kündige meine Stellung. 8. Entweder erhält der Schüler einen Notendurchschnitt von 1,7, oder er bekommt keine Zulassung zur Universität.

Übung 8: 1. Klaus ist einerseits ein sehr langsamer Schüler, andererseits bringt er immer gut Noten nach Hause. 2. Das Institut hat einerseits genug Lehrer für 200 Schüler, andererseits sind nicht genügend Räume für den Unterricht vorhanden. 3. Der Mann verdient einerseits ein Vermögen, andererseits hat er keine Zeit, das Leben zu genießen. 4. Das Land hat einerseits sehr gute Möglichkeiten zur Förderung des Tourismus, andererseits fehlt dazu das Geld. 5. Man benötigt einerseits immer mehr elektrischen Strom, andererseits wollen die Leute keine Kraftwerke in ihrer Nähe haben. 6. Einerseits will jeder mehr Geld haben, andererseits wollen alle weniger arbeiten. 7. Einerseits möchte er ein Haus bauen, andererseits hat er Angst vor den hohen Kosten. 8. Einerseits möchten sie heiraten und Kinder haben, andererseits wollen sie ihre Freiheit nicht verlieren.

Übung 9: 1. Diese Musik ist nicht nur viel zu laut, sondern sie klingt auch ganz verzerrt. 2. Mit diesem Radiogrät können Sie nicht nur Mittelwelle und UKW empfangen, sondern Sie können auch die Kurzwellensender im 41- und 49-Meter-Band hören. 3. Dieser Apparat bietet Ihnen nicht nur Stereoempfang, sondern er enthält auch einen eingebauten Cassettenrecorder. 4. Wir verkaufen Ihnen nicht nur ein Fernsehgerät zu einem günstigen Preis, sondern wir bringen es auch ins Haus und stellen es ein. 5. Dieser Videorecorder zeichnet nicht nur jedes Fernsehprogramm auf, sondern er stellt sich in Ihrer Abwesenheit auch automatisch an und ab. 6. Der Cassettenrecorder ist nicht nur viel zu teuer, sondern er hat auch einen schlechten Klang. 7. Der Apparat arbeitet nicht nur mit 220 Volt, sondern er funktioniert auch mit einer eingebauten Batterie oder mit den 12 Volt aus dem Auto. 8. Ich kaufe mir nicht nur einen Fernseher, sondern ich brauche auch eine neue Dachantenne.

Übung 10: 1. Ich muss entweder ständig Tabletten nehmen, oder ich muss mich operieren lassen. (oder: Ich muss nicht nur ständig Tabletten nehmen, sondern ich muss mich auch operieren lassen.) 2. Einerseits fühle ich mich müde, andererseits kann ich nicht schlafen. 3. Sie brauchen nicht nur viel Schlaf, sondern Sie müssen auch viel an die frische Luft. 4. Entweder Sie nehmen (oder: Entweder nehmen Sie …) Ihre Medizin jetzt regelmäßig, oder ich kann Ihnen auch nicht mehr helfen. 5. Sie haben einerseits Übergewicht, andererseits sind

Sie zuckerkrank. (auch: nicht nur …, sondern auch) 6. Einerseits wollen Sie gesund werden, andererseits leben Sie sehr ungesund. 7. Sie sind nicht nur stark erkältet, sondern Sie haben auch hohes Fieber. 8. Dieses Medikament gibt es nicht nur in Tropfenform, sondern Sie können es auch als Tabletten bekommen. 9. Es wird Ihnen nicht nur Ihre Schmerzen nehmen, sondern Sie werden auch wieder Appetit bekommen. 10. Ihnen fehlt nicht nur der Schlaf, sondern Sie brauchen auch unbedingt Erholung. 11. Entweder Sie hören sofort auf zu rauchen, oder ich behandle Sie nicht mehr. 12. Ihr Kind leidet nicht nur an Blutarmut, sondern es ist auch sehr nervös. (auch: einerseits … andererseits) 13. Sie müssen sich einerseits natürlich viel bewegen, andererseits dürfen Sie den Sport nicht übertreiben. 14. Entweder Sie trinken keinen Alkohol mehr, oder Sie werden nie gesund.

§ 26

Übung 1: 1. als 2. wenn 3. Als 4. Wenn 5. als 6. Als 7. wenn 8. wenn 9. wenn/als 10. als 11. wenn 12. wenn

Übung 2: 1. Als ich … war, besuchte ich … 2. Als der Junge … war, starben seine … 3. Wenn die Menschen … waren, reisten sie … 4. Als man den … senkte, verließ ich … 5. Wenn ich … hatte, ging ich … 6. Wenn er … hatte, wurde er … 7. Wenn sie an … dachte, wurde es ihr … 8. Als ich … traf, freute ich … 9. Als der Redner … schlug, wachten … 10. Wenn er … kam, brachte … mit.

Übung 3: Man verschloss früher die Stadttore, wenn es abends dunkel wurde. 2. Früher brachen oft furchtbare Seuchen aus, wenn Krieg herrschte und Dörfer und Städte zerstört waren. 3. Sogar Kinder mussten 10 bis 15 Stunden täglich arbeiten, als in Deutschland die Industrialisierung begann. 4. Robert Koch fand den Tuberkulosebazillus, als er 39 Jahre alt war. 5. Früher wurden oft Soldaten in fremde Länder verkauft, wenn die Fürsten Geld brauchten. 6. Kaufleute mussten jedesmal unzählige Zollgrenzen passieren, wenn sie vor 200 Jahren z.B. von Hamburg nach München fuhren. 7. Früher wanderten oft viele Menschen nach Amerika aus, wenn sie in Europa aus religiösen oder politischen Gründen verfolgt wurden. 8. Es kam zum Zweiten Weltkrieg, als die deutschen Truppen unter Hitler im August 1939 in Polen einmarschierten.

Übung 4: 1. Bevor ich mein Essen bestelle, studiere ich … 2. Während ich … warte, lese ich … 3. Bevor ich esse, wasche ich mir … 4. Während ich … warte, betrachte ich … 5. Während ich esse, unterhalte ich mich … 6. Bevor ich bezahle, bestelle ich … 7. Während ich … trinke, werfe ich … 8. Bevor ich gehe, zahle ich.

Übung 5: 1. Während sie studiert, arbeitet sie … 2. Bevor sie studierte, hatte sie … 3. Bevor sie ihr Examen macht, will sie … 4. Während sie sich in den USA aufhält, kann sie … 5. … schon, bevor sie studierte. 6. Bevor sie heiratete, wohnte sie … 7. Bevor sie die Universität verlässt, will sie … 8. Während sie fürs Examen arbeitet, findet sie … 9. Während sie ihre Hausarbeit macht, denkt sie …. 10. Bevor die Sonne aufgeht, steht sie … 11. Während sie ihr Examen macht, muss ihr Mann … 12. Bevor sie in die Firma ihres Mannes eintritt, will sie … .

Übung 6: 1. Die öffentlichen Verkehrsmittel … sind oft nur zu zwei Dritteln besetzt, dagegen staut sich der private Verkehr auf Straßen und Autobahnen. 3. Obwohl er sich sehr anstrengte, schaffte er es kaum, 20 km pro Tag zu wandern, dagegen laufen trainierte Sportler mühelos 60 bis 80 km täglich. 4. Die Mieter der Häuser in der Altstadt hoffen immer noch auf eine gründliche Renovierung, aber der Abriss … ist schon längst beschlossen. 5. Ich ärgere mich darüber, dass du mich immerzu persönlich beleidigst, aber ich muss anerkennen, dass deine Argumente richtig sind. 7. In dem Scheidungsurteil bestimmte der Richter, dass die Frau das Haus … behalten sollte, dagegen ging der Ehemann leer aus. 8. Früher wurde die Post zweimal … ausgetragen, aber jetzt kommt der Briefträger nur noch einmal und samstags bald überhaupt nicht mehr. (oder: Früher wurde … ausgetragen, dagegen kommt der Briefträger jetzt nur noch einmal …)
(2., 6. und 9. = temporal)

Übung 7: 1. begrüßt hat 2. gegessen hat 3. beginnt 4. beendet hatte 5. hielt 6. saßen; unterhielten sich 7. zugehört, gelernt und diskutiert hatte

Übung 8: 1. Nachdem sie eine halbe Stunde im Wasserbad gelegen haben, kann man … 2. Nachdem der Sammler die Briefmarken von dem Brief abgelöst hat, legt er sie … 3. Nachdem er die Briefmarken getrocknet hat, prüft er … 4. Nachdem er die schon vorhandenen Briefmarken aussortiert hat, steckt er … 5. Nachdem er jede einzelne Briefmarke einsortiert hat, stellt er … 6. Nachdem er diese Arbeit beendet hat, sortiert er …

Übung 9: 1. Nachdem die Demonstration beendet war, wurde … 2. Nachdem der Patient gründlich untersucht worden war, schickte … 3. Nachdem sie sich drei Stunden in Zürich aufgehalten hatten, reisten … 4. Nachdem alle Probleme gelöst (worden) waren, konnten … 5. Nachdem er das Staatsexamen bestanden hat, tritt er … 6. Nachdem sich die verschiedenen Materialien aufgelöst hatten, wurde … 7. Nachdem der Unterricht beendet ist, geht … 8. Nachdem die Vorstellung begonnen hat, wird … 9. Nachdem er Amerika entdeckt hatte, kehrte er … 10. Nachdem es geregnet hat, steigt …

Übung 10: Seit – bis – Seit – bis – Seit – bis – Seit – Bis

Übung 11: 1. Seit die 5-Tage-Woche eingeführt worden ist, ist … 2. Seit der Buchdruck erfunden worden ist, sind … 3. Seit der Panamakanal gebaut worden ist, brauchen … 4. Seit das erste Telefonkabel von Europa nach Nordamerika im Jahre 1956 verlegt worden ist, ist … 5. Bis der Tunnel gebaut wurde, ging … 6. Bis das erste Betäubungsmittel entdeckt wurde, mussten … 7. Bis sogenannte Frauenhäuser eingerichtet wurden, mussten … 8. Bis die 25-Stunden-Woche eingeführt wird, werden …

Übung 12: 1. Bevor der Krankenwagen an der Unfallstelle ankam, wurde … 2. Während der Verletzte in ein Krankenhaus transportiert wurde, wurde … 3. Sobald (Nachdem) der Verletzte im Krankenhaus angekommen war, haben …

4. Als der Verletzte untersucht wurde, stellte …
5. Bevor der Patient operiert wurde, gab …
6. Bevor die Operation begann, legte …
7. Nachdem man den Patienten operiert hatte, brachte … 8. Nachdem einige Tage vergangen waren, bachte … 9. Bevor er entlassen wurde, hat … 10. Nachdem er in seine Wohnung zurückgekehrte war, musste … 11. Seitdem er einen Unfall gehabt hat, kann …

Übung 13: 1. Bevor das Fußballspiel begann, loste … 2. Während das Spiel lief, feuerten … 3. Wenn ein Tor fiel, gab … 4. Sofort nachdem (Sobald) ein Foul geschehen war, zeigte … 5. Seit ein verletzter Spieler ausgetauscht worden war, wurde … 6. Nachdem das Spiel beendet (worden) war, tauschten …

§ 27

Übung 1: B. …, weil er eine nette Freundin gefunden hat. C. …, weil er hier mal richtig tanzen kann. D. …, weil er sich mal mit seinen Freunden aussprechen kann. E. …, weil er sich hier mal in seiner Muttersprache unterhalten kann. F. …, weil er hier mal keine Rücksicht zu nehmen braucht. G. …, weil er mal Gelegenheit hat, seine Sorgen zu vergessen. H. …, weil er so verliebt ist. I. …, weil er gern die Musik seiner Heimat hört.

Übung 2: B. …, weil der Autobus eine Panne hatte. C. …, weil der Wecker nicht geklingelt hat. D. …, weil die Straßenbahn stehen geblieben war. E. …, weil der Zug Verspätung hatte. F. …, weil die Mutter verschlafen hat. G. …, weil das Motorrad nicht angesprungen ist. H. …, weil die Straße wegen eines Verkehrsunfalls gesperrt war. I. …, weil er seinen Bruder ins Krankenhaus fahren musste. J. …, weil sie in den falschen Bus gestiegen ist.

Übung 3: A.: …, weil ich keine Zeit hatte. B.: …, weil ich mir den Fuß verletzt habe. C.: …, weil ich zum Arzt habe gehen müssen. D.: …, weil ich mir einen Zahn habe ziehen lassen müssen. E.: …, weil ich das Auto in die Werkstatt habe bringen müssen. F.: …, weil ich entlassen worden bin und mir einen neuen Job habe suchen müssen. G.: …, weil ich mich bei

meiner neuen Firma habe vorstellen müssen. H.: …, weil ich zu einer Geburtstagsparty habe gehen müssen. I.: …, weil ich auf die Kinder meiner Wirtin habe aufpassen müssen.

Übung 4: 1. …, weil er … hat zusammensparen können. 2. …, weil sie … haben warten wollen. 3. …, weil er … hat herunterkommen wollen. 4. …, weil das Bauamt … nicht hat erlauben wollen. 5. …, weil er einstöckig hat bauen müssen. 6. …, weil sie … haben benutzen können.

Übung 5: 1. neue Möbel abgeholt werden müssen. 2. bei einem Kunden ein Schrank aufgebaut werden muss. 3. bei einer Kundin die Esszimmermöbel ausgetauscht werden müssen. 4. in einem Vorort ein komplettes Schlafzimmer ausgeliefert werden muss. 5. in der Innenstadt eine Küche eingerichtet werden muss. 6. einer Firma sechs Ledersessel geliefert werden müssen. 7. in einem Hotel ein Elektroherd installiert werden muss. 8. in einer Neubauwohnung Teppiche verlegt werden müssen.

Übung 6: 1. weil Gemälde von Picasso ausgestellt werden / ausgestellt werden sollen. 2. Weil zwei Mozartopern aufgeführt werden / aufgeführt werden sollen. 3. weil die Landesgartenschau eröffnet wird / eröffnet werden soll. 4. weil ein Komponist und zwei Dichter geehrt werden / geehrt werden sollen. 5. weil der … ernannt wird / ernannt werden soll. 6. weil ein Denkmal … errichtet wird / errichtet werden soll. 7. weil das neue Hallenbad eingeweiht wird / eingeweiht werden soll. 8. weil ein Sängerwettstreit veranstaltet wird / veranstaltet werden soll. 9. weil Kulturfilme vorgeführt werden / vorgeführt werden sollen. 10. weil ein Rennen … gestartet wird / gestartet werden soll.

Übung 7: 1. Gehst du nicht mit, weil du nicht gebeten worden bist? 2. Singst du nicht mit, weil du nicht aufgefordert worden bist? 3. Wehrst du dich nicht, weil du nicht bedroht worden bist? 4. Kommst du nicht zur Party, weil du nicht eingeladen worden bist? 5. Verklagst du ihn nicht vor Gericht, weil du nicht geschädigt worden bist? 6. Gehst du nicht zu dem Vortrag, weil du nicht informiert worden bist? 7. Sitzt du immer noch hier, weil du nicht abgeholt worden bist? 8. Kommst du hier herein, weil du nicht kontrolliert worden bist? 9. Hast du das kaputte Auto gekauft, weil du nicht gewarnt worden bist? 10. Bist du so enttäuscht, weil du nicht befördert worden bist?

§ 28

Übung 1: 1. Wenn der Empfänger den Brief nicht annimmt, geht er an den Absender zurück. / Der Brief geht an den Absender zurück, wenn der Empfänger den Brief nicht annimmt. 2. Wenn der Brief ... erreichen soll, kann man ... schicken. / Man kann ... schicken, wenn ... 3. Wenn es sich um ... handelt, schicken Sie ... per Einschreiben. / Schicken Sie ... per Einschreiben, wenn ... 4. Wenn ein Brief ... kleiner ist, kostet die Sendung ... / Die Sendung kostet, wenn ... 5. Wenn eine Warensendung ... ist, kann man ... nicht verschicken. / Man kann ... nicht verschicken, wenn ... 6. Wenn Sie ... nützen, sparen Sie ... / Sie sparen, wenn Sie ... nützen. 7. Wenn Sie ... telefonieren, zahlen Sie ... weniger ... / Sie zahlen ... weniger, wenn Sie ... 8. Wenn Sie die Uhrzeit ... erfahren wollen, können Sie ... benützen. / Sie können ... benützen, wenn Sie ... 9. Wenn Sie ... versenden wollen, halten die Postämter ... bereit. / Die Postämter halten ... bereit, wenn Sie ... 10. Wenn Sie ... haben, können Sie ... abheben. / Sie können ... abheben, wenn Sie ...

Übung 2: 1. Nimmt der Empfänger ... nicht an, (so) geht er ... 2. Soll der Brief ... erreichen, (so) kann man ... 3. Handelt es sich um ..., (so) schicken Sie ... 4. Ist ein Brief ..., (so) kostet ... 5. Ist eine Warensendung ..., (so) kann man ... 6. Nutzen Sie ..., (so) sparen Sie ... 7. Telefonieren Sie ..., (so) zahlen Sie ... 8. Wollen Sie ..., (so) können Sie ... 9. Wollen Sie ... versenden, (so) halten die Postämter ... bereit. 10. Haben Sie ..., (so) können Sie ...

Übung 3: 1. Wenn man Motorrad fährt, muss man ... 2. Wenn man ein Medikament einnimmt, muss man ... 3. Wenn man den Park besuchen will, muss man ... 4. Wenn es sehr heiß ist, fällt der Unterricht ... 5. Wenn man ei-

nige Französischkenntnisse hat, kann man ... 6. Wenn ein Erwachsener acht Stunden schläft, ist er ... 7. Wenn du dich entsprechend beeilst, kannst du ... 8. Wenn die Ware einem nicht gefällt, kann sie ... 9. Wenn man mit dem Pulver unvorsichtig umgeht, kann es ... 10. Wenn Sie die Pflanzen sorgfältig pflegen, werden sie Ihnen ... 11. Wenn das Gelände unerlaubt betreten wird, erfolgt Strafanzeige. 12. Wenn die Feuerglocke ertönt, müssen alle Personen ...

Übung 4: 1. Angenommen, ich werde krank, ... 2. Angenommen, der Hausbesitzer kündigt mir die Wohnung, ... 3. ..., es sei denn, er ruft mich. 4. Vorausgesetzt, ihr alle unterschreibt auch den Protestbrief, so ... 5. Gesetzt den Fall, das Telefon klingelt, so ... 6. Gesetzt den Fall, er hat den Unfall verursacht, so ... 7. Unter der Voraussetzung, Sie bestellen den Leihwagen eine Woche vorher, so ... 8. Gesetzt den Fall, Sie fahren den Leihwagen zu Bruch, so ... 9. ..., es sei denn, es regnet in Strömen. 10. Angenommen, ich soll gleich im Krankenhaus bleiben, so ...

Übung 5: 1. Angenommen, dass ich krank werde, so ... 2. Angenommen, dass der Hausbesitzer mir die Wohnung kündigt, so ... 3. ..., es sei denn, dass er mich ruft. 4. Vorausgestzt, dass ihr alle auch unterschreibt, so ... 5. Gesetzt den Fall, dass das Telefon klingelt, so ... 6. Gesetzt den Fall, dass er den Unfall verursacht hat, so ... 7. Unter der Voraussetzung, dass Sie ... bestellen, so ... 8. Gesetzt den Fall, dass Sie ... fahren, so ... 9. ..., es sei denn, dass es regnet. 10. Angenommen, dass ich gleich im Krankenhaus bleiben soll, so ...

Übung 6: (zum Beispiel) 1. ..., so muss ich ihn verklagen. 2. so höre ich auf zu arbeiten. 3. sind wir alle verloren. 4. gehe ich zu der Veranstaltung. 5. werde ich diese Anschaffung machen. 6. Ich mache die Wanderung mit, ...

§ 29

Übung 1: 1. ... so stark, dass die Menschen ... erschraken ... rannten. 2. ..., so dass die Menschen nicht ... wollten. 3. ..., so dass die Familien ... suchen mussten. 4. ... so groß, dass das

Land ... bat. 5. ..., so dass die Menschen ... untergebracht werden konnten. 6. ..., so dass die Menschen ... versorgt werden konnten. 7. ... so erschüttert, dass sie ... halfen. 8. ..., so dass ... gebaut werden konnten.

Übung 2: 1. ... so komische Bewegungen, dass wir ... lachen mussten. 2. ... einen so gefährlichen Sprung, dass die Zuchauer ... anhielten. 3. ... so schwierige Kunststücke, dass die Zuschauer ... klatschten. 4. ... so laut und böse, dass ... anfingen zu weinen. 5. ... so viele Blumen ..., dass die Manege ... aussah. 6. ... so laut, dass einige Leute ... zuhielten. 7. ... so viele Scheinwerfer installiert, dass die Manege ... war. 8. ... so geschickt Fußball, dass die Zuschauer ... erstaunt waren.

Übung 3: 1. ... so breit, dass man ... kaum erkennen konnte. 2. ... so groß, dass man ... anstellen musste, wenn man ... 3. ... so fett, dass man ... brauchte, wenn man ... 4. ... so hässlich, dass das Feuer ausging, wenn sie ... 5. ... so heiß und trocken, dass die Bäume ... nachliefen. 6. ... so riesig, dass der Koch ... fahren musste. 7. ... so eng, dass die Hunde nur ... wedeln können.

§ 30

Übung 1: 1. ..., obwohl/obgleich/obschon a) ich ihn eingeladen hatte. b) er fest zugesagte hatte. c) er kommen wollte. d) ich seine Hilfe benötigte. e) er uns ... besuchen wollte. f) er wusste, ... 2. ..., obwohl/obgleich/obschon a) sie ein Taxi genommen hatte. b) sie sich drei ... gestellt hatte. c) sie sich übers ... hatte wecken lassen. d) die Straße frei war. e) sie pünktlich hatte kommen wollen. f) sie einen wichtigen Termin hatte. g) sie mir versprochen hatte ... 3. ..., obwohl/obgleich/obschon a) ich ... genommen hatte. b) ich nicht aufgeregt war. c) niemand mich geärgert hatte, d) ich ... gearbeitet hatte. e) ich sehr müde war. f) das Hotelzimmer ... hatte. g) kein Verkehrslärm zu hören war. h) ich eigentlich gar keine Sorgen hatte. 4. ..., obwohl /obgleich/obschon a) es ... geplant war. b) die Finanzierung gesichert war. c) der Bauplatz vorhanden war. d) der Bauauftrag vergeben worden war. e) die Bürger ... ge-

fordert hatten. f) auch die Schulen es dringend benötigen. g) auch die Randgemeinden ... interessiert waren. h) man es schon längst hatte bauen wollen.

Übung 2: 1. a) Ich hatte ihn eingeladen, dennoch ist er nicht gekommen. b) Er hatte zwar ... zugesagt, aber er ist doch nicht gekommen. c) Er wollte zwar kommen, aber er ist doch nicht gekommen. d) Ich benötige seine Hilfe, dennoch ist er nicht gekommen. e) Er wollte uns zwar ... besuchen, aber er ist doch nicht gekommen. f) Er wusste, dass ..., trotzdem ist er nicht gekommen. 2. a) Sie hatte ein Taxi genommen, dennoch kam sie zu spät. b) Sie hatte sich zwar ... gestellt, aber sie kam trotzdem zu spät. c) Sie hatte sich ... wecken lassen, dennoch kam sie zu spät. d) Die Straße war zwar frei, aber sie kam trotzdem zu spät. e) Sie hatte pünktlich kommen wollen, dennoch kam sie zu spät. f) Sie hatte zwar ... Termin, allerdings kam sie zu spät. g) Sie hatte mir zwar versprochen, ..., aber sie kam doch zu spät. 3. a) Ich hatte ... genommen, trotzdem konnte ich nicht schlafen. b) Ich war zwar nicht aufgeregt, aber ich konnte doch nicht schlafen. c) Niemand hatte mich geärgert, trotzdem konnte ich nicht schlafen. d) Ich hatte ... gearbeitet, trotzdem konnte ich nicht schlafen. e) Ich war zwar sehr müde, aber ich konnte doch nicht schlafen. f) Das Hotelzimmer hatte ..., dennoch konnte ich nicht schlafen. g) Es war kein ... zu hören, trotzdem konnte ich nicht schlafen. h) Ich hatte ... keine Sorgen, aber ich konnte doch nicht schlafen. 4. a) Es war zwar ... geplant, aber das Hallenbad wurde doch nicht gebaut. b) Die Finanzierung war zwar gesichert, aber das Hallenbad wurde nicht gebaut. c) Der Bauplatz war vorhanden, trotzdem wurde das Hallenbad nicht gebaut. d) Der Bauauftrag war ... vergeben worden, dennoch wurde das Hallenbad nicht gebaut. e) Die Bürger ... hatten es zwar ... gefordert, aber das Hallenbad wurde nicht gebaut. f) Auch ... benötigten es dringend, trotzdem wurde das Hallenbad nicht gebaut. g) Auch ... waren daran interessiert, dennoch wurde das Hallenbad nicht gebaut. h) Man hatte es zwar schon längst bauen wollen, aber das Hallenbad wurde doch nicht gebaut.

Übung 3: 1. a) Obwohl die Kartoffeln noch nicht gar sind, essen wir sie jetzt. b) Weil die Kartoffeln noch nicht gar sind, müssen sie noch … kochen. 2. a) Obwohl das Eis … nicht fest ist, läuft der Junge … b) Weil das Eis … nicht fest ist, ist das Betreten gefährlich. 3. a) Obwohl die Familie … nicht kennt, nimmt sie sie mit. b) Weil die Familie …, lässt sie sie stehen. 4. a) Obwohl der kleine Kerl sehr friert, bleibt er stundenlang … b) Weil der kleine Kerl sehr friert, geht er jetzt … 5. a) Obwohl die Wanderer … müde sind, wollen sie die restliche Strecke … b) Weil die Wanderer …, machen sie … Pause. 6. a) Obwohl Rauchen … verboten ist, rauchen einige Leute … b) Weil Rauchen verboten ist, machen die meisten Leute …7. a) Obwohl Benzin immer teurer wir, wollen die meisten Autobesitzer … b) Weil Benzin immer teurer wird, fahren immer mehr Personen … 8. a) Obwohl sie … Fieber hat, geht sie in den Dienst. b) Weil sie Fieber hat, bleibt sie im Bett … 9. a) Obwohl er nicht schwimmen kann, geht er gern segeln. b) Weil er nicht schwimmen kann, hat er immer Angst … 10. a) Obwohl er viel verdient, ist er … unzufrieden. b) Weil er viel verdient, kann er sich die Villa kaufen. 11. a) Obwohl kein Mensch dick sein will, essen viele Menschen … zuviel. b) Weil kein Mensch dick sein will, sind viele Leute vorsichtig … 12. a) Obwohl sie sehr wenig isst, wiegt sie noch zuviel. b) Weil sie sehr wenig isst, ist sie immer müde.

Übung 4: 1. Er war unschuldig, dennoch wurde er … / Obwohl er unschuldig war, wurde er … 2. Die Familie wohnte zwar …, wir besuchten uns aber doch … / Obgleich die Familie …, besuchten wir uns … 3. Wir mussten …, dennoch/trotzdem unterhielten wir uns … / Obwohl wir beide … mussten, unterhielten wir uns … 4. Wir verstanden uns sehr gut; allerdings stritten wir uns … / Obschon wir uns … stritten, verstanden wir uns … 5. … zwar sehr freundlich, die Gäste brachen dennoch … / Obwohl die Gastgeber … waren, brachen die Gäste … 6. Obwohl die Arbeiter … steikten, konnten sie … / Die Arbeiter …; trotzdem konnten sie … 7. …; indessen brachte er es … / Obgleich er … hatte, brachte es … 8. …; dennoch badeten sie … / Obwohl die Jungen …, badeten sie …

Übung 5: 1. Wenn der Junge seine Eltern auch noch so darum bat, er bekam das Fahrrad doch nicht. / Der Junge bat seine Eltern noch so darum, er bekam … 2. Wenn der Student … auch noch so gewarnt wurde, er reiste doch … / Der Student wurde … noch so gewarnt, er reiste doch … 3. Wenn die Eltern auch noch so … sparten, das Geld reichte … nicht. / Sparten die Eltern auch noch so …, das Geld … 4. Wenn der Reisende das Haschisch auch noch so gut versteckt hatte, die Spürhunde fanden … / Hatte der Reisende das Haschisch auch noch so gut versteckt, die Spürhunde … 5. Wenn du dich auch noch so beeilst, du wirst den Zug nicht … erreichen. / Beeilst du dich auch noch so, du wirst …

§ 31

Übung 1: 1. als wieder von vorn anzufangen. 2. als er je zuvor geerntet hatte. 3. wie er sie noch nie zuvor geerntet hatte. 4. als die Ärzte angenommen hatten. 5. wie der Kaufmann befürchtet hatte. 6. als er sie in den Wintern zuvor gehabt hatte. 7. wie im Allgemeinen angenommen wird. 8. als der Busfahrer geplant hatte.

Übung 2: 1. … waren teurer, als ich angenommen hatte. / … nicht so teuer, wie … 2. … war größer, als ich vermutet hatte / … nicht so groß, wie … 3. … waren schneller verkauft, als ich gedacht hatte. / … nicht so schnell, wie … 4. … spielten besser, als ich gedacht hatte. / … nicht so gut, wie … 5. … dauerte länger, als ich erwartet hatte. / … nicht so lang, wie … 6. … war größer, als ich gedacht hatte. / … nicht so groß, wie … 7. Ich habe mehr Bekannte getroffen, als ich gehofft hatte. / … nicht so viele Bekannte getroffen, wie … 8. Ich bin später nach Hause …, als ich befürchtet hatte. / … nicht so spät nach Hause …, wie …

Übung 3: 1. … lohnender, als ich erwartet hatte. / … nicht so lohnend, wie … 2. … besser eingerichtet, als ich gehofft hatte. / … nicht so gut eingerichtet, wie … 3. … ruhiger, als ich angenommen hatte. / … nicht so ruhig, wie … 4. … reichhaltiger, als ich gedacht hatte. / … nicht so reichhaltig, wie … 5. … interessanter, als ich geglaubt hatte. / ... nicht so interessant, wie ... 6. ... lebhafter diskutiert, als ich vermutet hatte. / ... nicht so lebhaft diskutiert, wie ... 7. ... mehr gestritten, als ich befürchtet hatte. / ... nicht so viel gestritten, wie ... 8. ... mehr Kollegen getroffen, als ich geglaubt hatte. / ... nicht so viele Kollegen getroffen, wie ...

Übung 4:   1. Je mehr er trank, desto lauter wurde er. 2. Je weniger er isst, desto schlechter gelaunt ist er. 3. Je gründlicher du arbeitest, desto größer wird dein Erfolg sein. 4. Je teurer das Hotel ist, desto zufriedenstellender ist der Komfort. 5. Je schneller der Ausländer sprach, desto weniger konnten wir verstehen. 6. Je mehr Fremdsprachen die Sekretärin spricht, desto leichter findet sie eine gute Stellung. 7. Je schwächer das Herz ist, desto schwieriger ist eine Operation. 8. Je deutlicher du sprichst, desto besser kann ich dich verstehen. 9. Je dunkler es ist, desto größer ist die Angst der Kleinen. 10. Je besser das Essen gewürzt ist, desto besser schmeckt es.

Übung 5:   Je später es wurde, desto fröhlicher wurden die Gäste. 2. Je sorgfältiger du arbeitest, desto mehr Aufträge bekommst du. 3. Je trauriger die Musik ist, desto melancholischer werde ich. 4. Je weniger Geld ich bekomme, desto sparsamer muss ich sein. 5. Je weiter der Vertreter beruflich fahren muss, desto mehr kann er von der Steuer absetzen. 6. Je klüger und fleißiger ihre Schüler waren, desto mehr Spaß machte ihr die Arbeit. 7. Je wütender Hans wurde, desto lauter musste Gisela lachen. 8. Je berühmter die Künstler, die ..., waren, desto mehr Zuschauer kamen, aber desto teurer wurden die Plätze. 9. Je länger er sich in Italien aufhält, desto besser spricht er Italienisch. 10. Je schneller du fährst, desto größer ist die Unfallgefahr.

Übung 6:   (zum Beispiel) 1. desto schlechter verstehe ich dich. 2. desto bitterer ist er. 3. desto höher steigen die Preise. 4. desto unpersönlicher ist es. 5. desto wütender wurde er. 6. desto sympathischer erschien sie mir. 7. desto vertrauter wurden wir miteinander. 8. desto zurückhaltender werde ich. 9. desto weniger hört man dir zu. 10. desto weniger wird geschmuggelt.

Übung 7:   1. Je höflicher du schreibst, eine desto höflichere Antwort bekommst du. 2. Je öfter du ihn triffst, ein desto besseres Verhältnis wirst du mit ihm haben. 3. Je schneller du fahren willst, einen desto teureren Wagen musst du kaufen. 4. Je knapper das Geld ist, einen desto höheren Zinssatz musst du zahlen. 5. Je näher wir dem Ziel kamen, ein desto stärkeres Hungergefühl quälte mich.

Übung 8:   1. Wie Sie wissen, werde ich ... 2. Wie ich Ihnen schon sagte, werden wir ... 3. Wie ich schon erwähnte, werde ich ... 4. Wie Sie wissen, werde ich von ... 5. Wie ich geplant habe, werde ich ... 6. Wie ich hoffe, wird mir die Ruhe ...

Übung 9:   1. Man kann die Heizkosten auch noch senken, indem man die Temperaturen ... lässt und die Zimmertemperatur ... senkt. 2. Man kann ferner die Wohnung ..., indem man Isoliermaterial ... anbringt. 3. Wir können Rohstoffe sparen, indem man bereits gebrauchte Materialien im sogenannten Recycling wiederverwendet. 4. Man kann Benzin sparen, indem man ...Autos fährt und öfter mal zu Fuß geht. 5. Die Regierung kann ... schützen, indem sie ... vorschreibt. 6. Man kann die Stadtbewohner ... schützen, indem man ... einrichtet und ... baut.

Übung 10:   1. ... können verhindert werden, indem man einen Deich baut. 2. ..., indem sie ihn nach dem Attentat sofort operierten. 3. ..., indem er einen gebogenen Daht verwendete. 4. ..., indem sie falsche oder ungenaue Forschungsergebnisse veröffentlichten. 5. ..., indem alle Zollstellen rechtzeitig informiert wurden. 6. Indem der Spion Informationen an das feindliche Ausland weitergegeben hat, hat er ... 7. ..., indem er auf den Alarmknopf drückte. 8. Kopernikus hat erkannt, ..., indem er die Sterne beobachtete. 9. ..., indem man die Werbung ... verbietet. 10. ..., indem sie auf Bier und fette Speisen verzichten. 11. ... Umwelt, indem sie modische, aber unbrauchbare Dinge kaufen, die ...

§ 32

Übung 1: 1. ... um eine schöne Wohnung zu finden. 2. ... um eine Adresse zu erfragen. 3. ..., damit mir niemand zuvorkommt. 4. ..., damit ihnen die Leute nicht das Haus einrennen. 5. ..., damit die Möbel später auch hineinpassen. 6. ... um Umzugskosten zu sparen. 7. ..., damit die Versicherung dann auch bezahlt, wenn ... 8. ... um die neue Wohnung in aller Ruhe einrichten zu können. 9. ... um uns ein bisschen zu erholen.

Übung 2: 1. ... um dort eine Stelle ... anzunehmen. 2. ... um sich seine neue Heimat anzuschauen. 3. ... um den Einstieg im Schornstein zu erreichen. 4. ..., damit die Schornsteinfeger daran hochklettern können. 5. ... um nicht in die Tiefe zu stürzen. 6. ..., damit seine Kameraden ihn hören. 7. ... um nicht zu verhungern. 8. ... um die Steine herauszulösen. 9. ... um ihn zu suchen. 10. ... um hindurchzukriechen. 11. ..., damit er sich ... erholt. 12. ..., um ihn dort vom Ruß zu befreien.

Übung 3: 1. Er düngt ..., damit die Pflanzen besser wachsen können. 2. Er hält Kühe um Milch gewinnen zu können. 3. Er braucht eine Leiter um die Äpfel und Birnen ernten zu können. 4. Er nimmt ... auf um eine Hühnerfarm einrichten zu können. 5. Er annonciert in der Zeitung um die Fremdenzimmer ... vermieten zu können. 6. Er kauft ..., damit sich die Gäste daran freuen können. 7. Er richtet ... ein um die Gäste dort unterbringen zu können. 8. Er baut ..., damit sich die Gäste erfrischen und sich wohl fühlen können.

§ 33

Übung 1: 1. ... um schnell reich zu werden. 2. Ohne das Geld zu zählen packten sie ... 3. ... um schnell unerkannt zu verschwinden. 4. Anstatt die beiden Taschen mitzunehmen ließen sie ... 5. Ohne noch einmal zurückzukommen rasten die ... 6. ... um nach Amerika zu entkommen. 7. Anstatt mit dem Scheck zu zahlen kauften sie ... 8. Um in der Großstadt unterzutauchen verließen sie ... 9. ... ohne Widerstand zu leisten. 10. ... um vor Gericht gestellt zu werden. 11. ... ohne irgendeine Gemütsbewegung zu zeigen.

Übung 2: 1. ..., um es seiner Frau zu schenken. 2. ... ohne den Absender daraufzuschreiben. 3. ..., ohne dass das Armband kam. 4. Anstatt anzurufen schimpfte er ... 5. ..., ohne dass ihr Mann ihr das Armband schenken konnte. 6. ..., damit sie ... zuschicken. 7. ..., ohne dass das Versandhaus eine Erklärung ... abgab. 8. Ohne etwas von dem Geschenk ihres Mannes zu wissen kam Frau Huber am Tag der Zustellung des Päckchens aus der Stadt zurück ...

Übung 3: 1. a) sich eine Pause zu gönnen. b) dass ein Verlag ihm die Abnahme garantiert hatte. 2. a) dass der Beamte einen Blick hineinwarf. b) darum gebeten worden zu sein. 3. a) damit sein Freund ihn sehen konnte. b) um von seinem Freund gesehen zu werden. 4. a) dass seine Kinder ihm dabei halfen. b) den Aufzug zu benutzen. 5. a) damit die Bahnfahrt nicht so langweilig würde. b) um sich damit die Langeweile zu vertreiben. 6. a) um bei sinkender ... keinen Einkommensverlust zu haben. b) damit ihr Einkommen ... behielt. 7. a) sich mit der Gewerkschaftsleitung abzusprechen. b) dass die Gewerkschaftsleitung davon informiert worden war. 8. a) an das Wohl der Firma zu denken. b) dass wichtige Investitionen gemacht worden wären. 9. a) dass der Betriebsrat informiert wurde. b) den Betriebsrat davon zu informieren. 10. a) damit die Maschinen nicht heimlich verkauft werden konnten. b) um vom ...den Arbeitslohn, den sie noch zu bekommen hatten, zu finanzieren.

§ 34

Übung 1: Wissen Sie vielleicht, ob ... / Können Sie mir sagen, ob ... / Ist Ihnen vielleicht bekannt, ob ... 1. der Metzger ... verkauft? 2. dieser Schuster ... macht? 3. Herr Hase auch ... ist? 4. Frau Klein ... arbeitet? 5. man sich ... holt? 6. der Ober ... bedient? 7. der Briefträger ... bringt? 8. die Bank ... geöffnet ist? 9. der Busfahrer ... gegeben hat? 10. die Hauptpost ... eingerichtet hat? 11. der Kindergarten ... geschlossen ist? 12. es in der Schule ... gibt?

Übung 2: Sag mir bitte, 2. von wem du den Ring hast. 3. hinter welchem Baum sich der Junge versteckt hast. 4. was für ein Fahrrad sich dein Freund gekauft hat. 5. wo der Radiergummi liegt. 6. zum wie vielten Mal du dieses Jahr nach Österreich in Urlaub fährst. 7. wessen Motorrad das ist. 8. in welchem Teil des Friedhofs deine Großeltern begraben liegen. 9. von welcher Seite die Bergsteiger den Mont Blanc bestiegen haben. 10. am wie vielten April Mutter ihren sechzigsten Geburtstag hat. 11. um wie viel Uhr der Schnellzug hier ankommt. 12. wie viele Geschwister ihr seid. 13. welches Bein dir weh tut. 14. von wem du den Teppich hast. 15. wie oft du in der Woche nach Marburg in die Klinik fährst.

Übung 3: Ich weiß leider auch nicht / Ich kann auch nicht sagen / Mir ist leider auch nicht bekannt, 1. wo Sie hier … bekommen können. 2. warum die Flugzeuge … nicht starten können. 3. wann das Flugzeug … ankommen soll. 4. um wie viel Uhr Sie wieder hier sein müssen. 5. wo Sie Ihr Gepäck abgeben können. 6. wie viel türkische Pfund Sie … mitnehmen dürfen.

Übung 4: 1. Das Rätsel, ob der Fahrer unaufmerksam gewesen (ist) und deshalb … gefahren ist, ist … 2. Die Frage, ob er zu schnell gefahren ist, wollte … 3. Von der Feststellung, ob der Verletzte etwas gebrochen hat, hängt … ab. 4. Die Frage, ob der Fahrer Alkohol im Blut gehabt hat, wird … beantworten. 5. Die Entscheidung, ob der Autofahrer seinen Führerschein verliert, muss … treffen. 6. Die Ungewissheit, ob der Fahrer eine Gefängnisstrafe bekommt, macht ihn … 7. Von der Feststellung des Richters, ob sich der Angeklagte verfolgt gefühlt hat, hängt … ab. 8. Die Entscheidung, ob der Mann seine Stelle … behalten wird, hängt von … ab.

Übung 5: 1. Wir werden sehen, wer sonst noch mitfährt. 2. Ich weiß selbst nicht, wann wir zurückkommen. 3. Kannst du mir sagen, ob wir einen Pass mitnehmen müssen? 4. Ich möchte gern wissen, was die Fahrt kostet. 5. Sag mir bitte, ob ich vorne beim Fahrer sitzen kann. 6. Hans möchte gern wissen, ob die Frauen auch mitfahren. 7. Es muss uns doch gesagt werden, ob wir … in ein Restaurant ge-

hen oder ob wir das Essen mitnehmen müssen. 8. Ich weiß nicht, ob ich mein Fernglas mitnehmen soll. 9. Hans will wissen, warum er seine Kamera nicht mitnehmen soll. 10. Kannst du mal nachfragen, ob der Bus eine Klimaanlage hat?

§ 35

Übung 1: 1. den 2. die 3. die 4. das 5. den 6. die 7. die 8. der 9. das 10. die 11. das 12. die 13. den 14. die

Übung 2: 1. Ein Flussschiff ist ein Schiff, das auf Flüssen verkehrt. 2. Ein Holzhaus ist ein Haus, das aus Holz gebaut ist. 3. Eine Wochenzeitung ist eine Zeitung, die jede Woche einmal erscheint. 4. Eine Monatszeitschrift ist eine Zeitschrift, die jeden Monat einmal erscheint. 5. Ein Elektromotor ist ein Motor, der von elektrischem Strom getrieben wird. 6. Ein Motorboot ist ein Boot, das von einem Motor angetrieben wird. 7. Eine Mehlspeise ist eine Speise, die aus Mehl zubereitet wird. 8. Ein Kartoffelsalat ist ein Salat, der aus Kartoffeln zubereitet wird. 9. (Eine) Orgelmusik ist (eine) Musik, die mit der Orgel ausgeführt wird. 10. (Eine) Blasmusik ist (eine) Musik, die mit Blasinstrumenten ausgeführt wird. 11. Ein Holzwurm ist ein Wurm, der im Holz lebt. 12. Ein Süßwasserfisch ist ein Fisch, der im Süßwasser lebt.

Übung 3: 1. Was machst du mit den 1000 Mark, die du im Lotto gewonnen hast? 2. Was machst du mit dem Hund, der von morgens bis abends bellt? 3. Was machst du mit dem Bügeleisen, das deine Freundin kaputtgemacht hat? 4. Was machst du mit der Kiste Wein, die dir deine Eltern zum Examen geschickt haben? 5. Was machst du mit der Palme, die dir deine Freunde gekauft haben? 6. Was machst du mit dem Papagei, der immer „Faulpelz" ruft? 7. Was machst du mit dem Klavier, das dir deine Verwandten geschenkt haben? 8. Was machst du mit der Katze, die dir das Fleisch aus der Küche stiehlt?

Übung 4: 1. Was hat er denn mit der Farbe gemacht, die er sich gekauft hat? 2. Was hat sie denn mit den Topfpflanzen gemacht, die sie sich besorgt hat? 3. Was hat der Schriftsteller denn mit dem Roman gemacht, den er geschrieben hat? 4. Was haben die Kinder denn mit der Kreide gemacht, die sie aus der Schule mitgenommen haben? 5. Was hat die Katze denn mit der Maus gemacht, die sie gefangen hat? 6. Was hat der junge Mann denn mit dem Auto gemacht, das er kaputtgefahren hat? 7. Was hat die Nachbarin denn mit den Kleiderstoffen gemacht, die sie sich gekauft hat? 8. Was hat Fritz denn mit der Brieftasche gemacht, die er gefunden hat?

Übung 6: 1. a) die b) die c) die 2. a) denen b) die c) die 3. a) die b) der c) die 4. a) der b) dem c) den 5. a) denen b) die c) die

Übung 7: 1. a) dessen b) deren c) deren 2. a) dessen b) deren c) dessen 3. a) dessen b) deren c) deren 4. a) dessen b) deren c) dessen 5. a) dessen b) deren (dessen) c) dessen 6. a) dessen b) deren c) deren 7. a) deren b) deren c) dessen 8. a) dessen b) deren c) dessen

Übung 8: 1. Der Geiger, dessen Instrument gestohlen worden war, musste ... 2. Der Dichter, dessen Romane immer große Erfolge waren, lebt ... 3. Man hat das Rathaus, dessen Räume dunkel und schlecht zu heizen sind, ... 4. Die Bürger, deren Proteste ... geführt hatten, jubelten. 5. Der Chirurg, dessen Herzoperationen ... verlaufen waren, wurde ... 6. Der Pilot, dessen Flugzeug zu brennen begonnen hatte, hatte ... 7. Der Autofahrer, dessen Straßenkarten ... waren, hatte ... 8. ... mit dem Bus, dessen Fahrer betrunken war, nicht weiterfahren. 9. Wir konnten das Auto, dessen Motor defekt war, ... 10. ... die arme Frau, deren Sohn ... verunglückt war, zu beruhigen. 11. ... kam ich zur Post, deren Schalter ... geschlossen waren. 12. ... von den Zeugen, deren Aussagen widersprüchlich waren, nicht täuschen. 13. Die Angeklagte, deren Schuld erwiesen war, wurde ... 14. ... vor den Türen der Bank, deren Öffnungszeiten sich geändert hatten. 15. Für den Deutschen, dessen Fremdsprachenkenntnisse sehr gering waren, war ...

Übung 9: 1. Das Ruhrgebiet ist die Gegend, in der (wo) es die meisten Industrieanlagen gibt. 2. Der Rhein ist der Fluss, an dem der Lorelei-Felsen steht. 3. Der Teutoburger Wald ..., in dem (wo) das Hermanns-Denkmal steht. 4. Die Alpen sind das Gebirge, in dem (wo) es die höchsten Berge gibt. 5. Die Wasserkuppe ist der Berg, auf dem der Segelflug zum ersten Mal erprobt wurde. 6. Bonn ist die Stadt, in der (wo) Beethoven geboren ist, und Wien ist die Stadt, in der (wo) er gestorben ist. 7. Die Schweiz ist der Staat, in dem (wo) es ... gibt. 8. Der Bodensee ist der See, an dem ... haben. 9. Die Ostfriesen sind die Leute, über die ... erzählt werden. 10. Dresden ist die Stadt, in der (wo) ... standen. 11. Es sind die Mündungen der Elbe und der Weser, vor denen die Insel Helgoland liegt. 12. Worms und Speyer sind die zwei Städte, in denen (wo) ... begraben liegen. 13. Innsbruck ist die Stadt, in deren Nähe die ... ausgetragen wurden. 14. Der St. Gotthard ist der Berg, durch den die Straße ... führt. 15. Der Großglockner ist der Berg, nach dem die benannt ist.

Übung 10: 1. Ein Holzfass ist ein Behälter, in dem man z.B. Wein lagern kan. 2. Ein Fahrrad ist ein Verkehrsmittel, mit dem man sich mit eigener Kraft fortbewegen kann. 3. Eine Dachrinne ist ein Rohr, durch das man das Regenwasser vom Dach leitet. 4. Ein Staubsauger ist eine Maschine, mit der man Teppiche säubert. 5. Ein Videorecorder ist ein Gerät, mit dem man Fernsehsendungen aufnehmen und wiedergeben kann. 6. Eine Lupe ist ein Glas, mit dem man kleine Dinge groß sehen kann. 7. Ein Tresor ist ein Schrank aus Stahl, in dem man das Geld vor Dieben oder Feuer schützen kann. 8. Ein Herd ist eine Kücheneinrichtung, auf dem man warme Speisen zubereiten kann.

Übung 11: 1. Wem die Lösung nicht gefällt, der soll es bitte sagen. 2. Wem noch Geld zusteht, der soll schnell einen Antrag stellen. 3. Wessen Antrag noch nicht abgegeben ist, der soll ihn jetzt gleich im Sekretariat abgeben. 4. Wen das nicht interessiert, der soll ruhig schon weggehen. 5. Wer an der Bildung einer Fußballmannschaft interessiert ist, (der) soll bitte um 17 Uhr hierher kommen. 6. Wer noch Fragen hat, (der) soll sie jetzt vorbringen. 7. Wer die Aufgabe nicht versteht, (der) soll bitte zu mir kommen. 8. Wem noch etwas Wichtiges eingefallen ist, der soll es auf einen Zettel schreiben und ihn mir geben. 9. Wessen Arbeit noch nicht fertig ist, der soll sie nächste Woche abgeben. 10. Wer noch Hilfe braucht, (der) soll sich bitte an den Assistenten wenden.

Übung 12: 1. was; was 2. worunter; worüber 3. wozu; wovor; was 4. woraus; wodurch 5. wogegen; wobei 6. wofür; wovon 7. womit 8. was; was 9. was 10. wo

Übung 13: 1. …, wo sich riesige Ölfelder bilden. 2. …, worauf Umweltschützer immer wieder warnend aufmerksam machen. 3. …, worüber sich Fachleute große Sorgen machen. 4. …, worüber die Fachleute aller Länder beraten müssen. 5. …, was indirekt eine Gefahr … bedeutet. 6. …, wodurch möglicherweise … abnehmen wird. 7. … wogegen die … protestieren, was aber leider … nicht hat. 8. …, wobei sie … setzen.

Übung 14: 1. Was mit Hoffnung macht, ist, dass er aufsteht und schon wieder normal läuft. 2. Was nach dem Schlaganfall leider zurückgeblieben ist, ist ein leichtes Zittern seiner linken Hand. 3. Was ihm sein Arzt geraten hat, ist, dass er das Rauchen aufgeben soll. 4. Was mich beunruhigt, sind seine kleinen Gedächtnislücken. 5. Was er während seiner Krankheit vergessen haben muss, ist, dass er einige Jahre in Berlin gelebt hat. 6. Was mir auffiel, ist, dass er auf alten Fotos seine ehemaligen Nachbarn nicht wiedererkennen konnte. 7. Was mich tröstet, ist, dass er diesen Gedächtnisverlust gar nicht bemerkt. 8. Was er trotz seiner 89 Jahre behalten hat, ist seine positive Lebenseinstellung.

Übung 15 a: Ist das der Herr, 1. mit dem du gestern gesprochen hast? 2. den du eben gegrüßt hast? 3. dessen Tochter eine Freundin von dir ist? 4. der Journalist bei … ist? 5. dessen Bücher ich … habe liegen sehen? 6. von dem du mir neulich schon mal erzählt hast?

Übung 15 b: Hier ist die Uhr, 1. die ich so lange gesucht habe. 2. die du mir geschenkt hast. 3. mit der ich versehentlich ins Wasser gegangen bin. 4. deren Glas ich verloren habe. 5. von der du so sehr geschwärmt hast. 6. mit der ich beim Uhrmacher gewesen bin.

Übung 15 c: Das Buch, …, gehört mir! 1. das einen blauen Einband hat 2. in dem du liest 3. von dem du gesprochen hast 4. das du in die Mappe gesteckt hast 5. das ich dir vor einem Jahr geliehen habe 6. aus dem du die betreffenden Seiten fotokopieren kannst

Übung 15 d: Das Stipendium, 1. das man … beantragen muss 2. für das man … mitbringen muss 3. um das ich mich beworben habe 4. um dessen Erwerb sich viele Studenten bemühen 5. das von … vergeben wird 6. von dem du gehört hast

Übung 15 e: Der Test, 1. bei dem auch … richtig sein können 2. den einige … zusammengestellt haben 3. der ein … prüft 4. den ich gestern habe machen müssen 5. von dessen Schwierigkeitsgrad ich überrascht war 6. von dessen Ergebnis … abhängt

Übung 16: *Die verschiedenen Möglichkeiten der Satzverknüpfung sind mit a), b) usw. angegeben. Die stilistisch weniger guten Lösungen sind in Klammern gestellt. Es sind auch noch andere Möglichkeiten denkbar.*
1. a) Ein alter Mann, dessen Haus in der Nähe einer Eisenbahnstrecke lag, konnte nicht einschlafen, weil das Geräusch des vorbeifahrenden Zuges anders als gewöhnlich klang. b) … nicht einschlafen, denn das Geräusch des vorbeifahrenden Zuges klang … c) (Das Geräusch des vorbeifahrenden Zuges klang anders als gewöhnlich, deshalb/darum/deswegen konnte ein alter Mann, dessen Haus … lag, nicht einschlafen.) 2. a) Er wollte nachsehen, was dieses seltsame Geräusch hervorgerufen hatte, darum/deswegen/deshalb stand er auf und zog seinen Wintermantel über seinen Schlafanzug. b) Er stand auf und zog seinen Wintermantel über seinen Schlaganzug, weil er nachsehen wollte, was dieses seltsame Geräusch hervorgerufen hatte. c) … Schlafanzug, denn er wollte nachsehen, was … hervorgerufen hatte. 3. Er nahm einen Stock, denn sein rechtes Bein war im Krieg verletzt worden und es war Winter b) (Er nahm einen Stock, weil sein rechtes Bein … verletzt worden war und es Winter war.) c) Sein rechtes Bein war im Krieg verletzt worden und es war Winter, deshalb/deswegen/darum nahm er einen Stock. 4. a) Der Schnee lag

hoch und sein Bein begann schon nach wenigen Schritten zu schmerzen, trotzdem/dennoch kehrte er nicht um, sondern kletterte … auf den Eisenbahndamm. b) … zu schmerzen, er kehrte trotzdem/dennoch nicht um, sondern kletterte … c) … zu schmerzen, aber er kehrte doch nicht um, sondern … d) … zu schmerzen, er kehrte aber doch nicht um, sondern … e) Obwohl/Obgleich der Schnee hoch lag und sein Bein schon nach wenigen Schritten zu schmerzen begann, kehrte er nicht um, sondern kletterte … 5. a) Seine kleine Taschenlampe, die er vorsichtshalber mitgenommen hatte, war gut zu gebrauchen, denn das Licht der Laternen reichte nicht weit. b) … zu gebrauchen, weil das Licht … nicht weit reichte. c) Das Licht der Laternen reichte nicht weit, darum war seine kleine Taschenlampe, die er … mitgenommen hatte, gut zu gebrauchen. d) (Seine Taschenlampe war gut zu gebrauchen, denn das Licht … reichte nicht weit, darum hatte er sie vorsichtshalber mitgenommen.) e) (… war gut zu gebrauchen, weil das Licht … nicht weit reichte, darum hatte er …) 6. Nach längerem Suchen fand er endlich die Stelle, wo / an der die Schiene gerissen war. 7. a) Es war spät in der Nacht und der Wind pfiff, trotzdem/dennoch gab er nicht auf und lief den langen Weg bis zur nächsten Bahnstation, denn er wollte unbedingt die Menschen retten, die ahnungslos in dem nächsten Schnellzug saßen, der aus München kam. b) Es war (zwar) spät in der Nacht und der Wind pfiff, aber er gab (doch) nicht auf, weil er die Menschen retten wollte, die … c) (… er gab nicht auf, weil er die Menschen, die im … Schnellzug, der aus München kam, saßen, retten wollte.) d) Obwohl/Obgleich es spät in der Nacht war und der Wind pfiff, gab er nicht auf und lief … e) Er wollte unbedingt die Menschen retten, die in dem nächsten Schnellzug, der aus München kam, saßen, darum gab er nicht auf und lief den langen Weg bis zur nächsten Bahnstation, obwohl es spät in der Nacht war und der Wind pfiff. 8. Der Bahnhofsvorsteher hielt den alten Mann, der ihm die Nachricht von einer zerrissenen Schiene brachte, zunächst (zwar) für verrückt, aber der Beamte kam (doch) endlich mit um den Schaden selbst anzusehen. b) … zunächst für verrückt, trotzdem/dennoch kam er endlich mit um … c) Obwohl/Obgleich der

Bahnhofsvorsteher den alten Mann, der ihm die Nachricht … brachte, zunächst für verrückt hielt, kam er endlich mit um … d) (Der Bahnhofsvorsteher hielt den alten Mann zunächst für verrückt, weil der alte Mann ihm die Nachricht von einer zerrissenen Schiene brachte, trotzdem kam er endlich mit um … 9. a) Obwohl/Obgleich sich der Schnellzug mit großer Geschwindigkeit der gefährlichen Stelle näherte, gelang es dem Beamten, der eine weithin sichtbare rote Lampe schwenkte, im letzten Augenblick dem Zugführer ein Zeichen zu geben. b) Der Schnellzug näherte sich … der gefährlichen Stelle, aber es gelang dem Beamten, der eine … Lampe schwenkte, im letzten Augenblick …

Übung 17: 1. a) Ein junger Mann, der einige Zeit in einer Druckerei gearbeitet hatte, wo er sich seine Kenntnisse angeeignet hatte, stand vor Gericht, weil er falsche Fünfzigmarkscheine hergestellt hatte. b) … vor Gericht, denn er hatte … hergestellt. c) (Ein junger Mann, der einige Zeit in einer Druckerei gearbeitet hatte, in der / wo er sich seine Kenntnisse angeeignet hatte, hatte falsche Fünfzigmarkscheine hergestellt, darum/deswegen/deshalb stand er vor Gericht.) 2. a) Obwohl er sehr vorsichtig gewesen war und nur nachts gearbeitet hatte, hatte man ihn erwischt. b) Er war sehr vorsichtig gewesen und hatte nur nachts gearbeitet, trotzdem hatte man ihn erwischt. c) Er war (zwar) sehr vorsichtig gewesen und hatte nur nachts gearbeitet, aber man hatte ihn (doch) erwischt. 3. a) Der Hausmeister war aufmerksam geworden und hatte ihn bei der Polizei angezeigt, denn er hatte ihn einige Male nachts in den Keller schleichen sehen. b) Der Hausmeister hatte … ihn angezeigt, weil er ihn einige Male in den Keller hatte schleichen sehen. c) Der Hausmeister hatte ihn einige Male in den Keller schleichen sehen, deshalb war er aufmerksam geworden und hatte ihn bei der Polizei angezeigt. 4. a) Der Richter war dem Angeklagten, der arbeitslos war und sofort alles gestanden hatte, freundlich gesinnt, aber eine Gefängnisstrafe von zwei bis drei Jahren war ihm sicher, weil Geldfälschen hart bestraft werden muss. b) … freundlich gesinnt, trotzdem war ihm eine Gefängnisstrafe … sicher, denn Geldfälschen muss hart bestraft werden. c) Obwohl

der Richter dem Angeklagten, der ... war und ... gestanden hatte, freundlich gesinnt war, war ihm eine Gefängnisstrafe ... sicher, weil ... d) (Geldfälschen muss hart bestraft werden, darum war ihm eine Gefängnisstrafe ... sicher, obwohl der Richter dem Angeklagten, der arbeitslos war und sofort alles gestanden hatte, freundlich gesinnt war.) 5. Zu Beginn der Verhandlung las der Richter die Anklageschrift vor, in der alle Beweisstücke aufgezählt waren: ...
6. a) Der Gerichtsdiener, der ein ordentlicher Mensch war, war gebeten worden, diese Sachen, die man den Geschworenen einzeln zeigen musste, auf den Richtertisch zu legen, aber zum großen Erstaunen des Richters fehlte das Falschgeld. b) Der Gerichtsdiener, der ... war, war gebeten worden, die Sachen auf den Richtertisch zu legen, weil man sie den Geschworenen einzeln zeigen musste, aber ... c) Obwohl der Gerichtsdiener, der gebeten worden war, diese Sachen, die man den Geschworenen einzeln zeigen musste, auf den Richtertisch zu legen, ein ordentlicher Mensch war, fehlte zum großen Erstaunen des Richters das Falschgeld.
7. a) Man konnte das fehlende Beweisstück nicht finden, deshalb wurde bei der Polizei angerufen, die den Fall bearbeitet und das Beweismaterial gesammelt hatte. b) Weil man das ... Beweisstück nicht finden konnte, wurde bei der Polizei angerufen, die ... bearbeitet und ... gesammelt hatte. c) Es wurde bei der Polizei, die ... bearbeitet und ... gesammelt hatte, angerufen, denn man konnte das ... Beweisstück nicht finden.

§ 36

Übung 1: 1. diejenige Schülerin; diejenigen Schüler/Schülerinnen 2. mit dieser Schweizerin; mit diesen Schweizern/Schweizerinnen 3. von jener Österreicherin; von jenen Österreichern/Österreicherinnen 4. wegen jener Zollbeamtin; wegen jener Zollbeamten/Zollbeamtinnen 5. durch diejenige Polin; durch diejenigen Polen/Polinnen 6. eine solche Studentin; solche Studenten/Studentinnen 7. trotz dieser Richterin; trotz dieser Richter/Richterinnen 8. solch eine Schauspielerin; solche Schauspieler/Schauspielerinnen

Übung 2 a: 1. ... von dieser Waschmaschine ...? Also diese Waschmaschine ..., die ist mir zu teuer. 2. ... von diesen Küchenmöbeln? Also diese Küchenmöbel ..., die sind mir zu bunt. 3. ... von dieser Nähmaschine? Also diese Nähmaschine ..., die ist mit zu unpraktisch. 4. ... von diesem Elektroherd? Also diesen Elektroherd ..., der ist mir zu unmodern. 5. ... von diesem Dampfbügeleisen? Also dieses Dampfbügeleisen ..., das ist mir zu kompliziert. 6. ... von diesem Spülbecken? Also dieses Spülbecken ..., das ist mir zu empfindlich.

Übung 2 b: 1. ... die Einrichtung dieser Küche? Die ...; dieselbe hat meine Schwester. 2. ... der Sessel an diesem Kamin? Der ...; denselben haben meine Eltern. 3. ... das Bücherregal in diesem Flur? Das ...; dasselbe hat meine Freundin. 4. ... die Stehlampe neben dieser Sitzecke? Die ...; dieselbe hat mein Freund. 5. ... der Stuhl vor diesem Schreibtisch? Der ...; denselben hat mein Nachbar. 6. ... das Rauchtischchen in dieser Ecke? Das ...; dasselbe hat mein Untermieter.

Übung 2 c: 1. Welches Kofferradio ...? ... dieses Kofferradio, das ist angenehm leicht. 2. Welchen Kassettenrecorder ...? ... diesen C., der ist sehr gut. 3. Welche Lautsprecher ...? ... diese L., die sind sehr preiswert. 4. Welchen Videorecorder ...? ... diesen V., der ist wirklich sehr zuverlässig. 5. Welchen Taschenrechner ...? ... diesen T., der ist unglaublich preiswert. 6. Welche Schreibmaschine ...? ... diese S., die ist zur Zeit im Sonderangebot.

Übung 3: 1. solch einen; den gleichen 2. diesem; demselben 3. Das; dieses; jenes; dieser; jener 4. diesem; jenem; das 5. Das; deren; die 6. derjenigen (derer) 7. derjenigen 8. diesem; die 9. denjenigen; Diese 10. Derjenige; diese 11. demselben; dieselbe 12. Solch einen; ein solches; die 13. solch einem; einen solchen 14. Dieser; demselben 15. diese; die; einem solchen

Übung 4: 1. Das 2. das 3. es 4. Es 5. Das 6. Es 7. Das 8. Das 9. Es 10. Das 11. es

§ 37

Übung 1: 1. niemand(em) 2. jemand(en) 3. niemand(es) 4. niemand(en) 5. jemand(em) 6. niemand 7. niemand(en)

Übung 2: 1. Ja, ich möchte eins. Nein, … keins. 2. Ja, ich möchte einen. Nein, … keinen. 3. Ja, ich habe eins. Nein, … keins. 4. Ja, ich habe eins. Nein, … keins. 5. Ja, ich backe wieder einen. Nein, … keinen. 6. Ja, ich brauche einen. Nein, … keinen. 7. Ja, ich habe einen. Nein, … keinen.

Übung 3: Alle – jeder – Jeder – alle – jeder – Alle – all – jeden – jeder – alle – Allen – alles

Übung 4: 1. a) einigen anderen b) vielen 2. a) vielen b) Einige; mehr 3. a) viele b) einigen; einigen anderen 4. a) einzelnen b) anderen 5. a) vieler b) einiger weniger

§ 38

Übung 2: 1. Die Schweiz ist rund ein Neuntel so groß wie Deutschland. 2. Österreich ist rund ein Viertel so groß wie Deutschland. 3. Österreich ist mehr als doppelt so groß wie die Schweiz. 4. Die Schweiz ist weniger als halb so groß wie Österreich. 5. Deutschland ist etwa viermal so groß wie Österreich.

Übung 3: 1. Verglichen mit Österreich hat Deutschland mehr als die zehnfache Einwohnerzahl. 2. Verglichen mit Österreich hat die Schweiz fast die gleiche Einwohnerzahl.

Übung 4: 1. Die Bevölkerungsdichte in der Schweiz ist etwa eins Komma acht Mal so groß wie (die) in Österreich. 2. Die Bevölkerungsdichte in Deutschland ist über eins Komma drei mal so groß wie (die) in der Schweiz.

Übung 5: 1. In Österreich ist etwa jeder elfte ein Ausländer. 2. In der Schweiz ist etwa jeder fünfzehnte ein Ausländer.

Übung 6: a) In Deutschland gibt es fünf Millionen sechshunderttausend Ausländer mehr als in Österreich / fast neunmal soviel Ausländer wie in Österreich. b) In Deutschland gibt es sechs Millionen zweihunderttausend Ausländer mehr als in der Schweiz / fast fünfmal soviel Ausländer wie in der Schweiz.

Übung 7: Berlin hat drei Millionen vierhundertfünfundsiebzigtausend Einwohner, Hamburg eine Million siebenhundert(und)zweitausend, München eine Million zweihundertfünfundfünfzigtausend, Köln neunhundertzweiundsechzigtausend, Frankfurt am Main sechshundertsechzigtausend, Essen sechshundertzweiundzwanzigtausend, Dortmund sechshundert(und)zweitausend, Stuttgart fünfhundertvierundneunzigtausend, Düsseldorf fünfhundertfünfundsiebzigtausend, Bremen fünfhundertzweiundfünfzigtausend, Duisburg fünfhundertsiebenunddreißigtausend, Hannover fünfhundertfünfundzwanzigtausend, Nürnberg vierhundertneunundneunzigtausend, Leipzig vierhunderteinundneunzigtausend, Dresden vierhundertneunundsiebzigtausend, Zürich dreihundertdreiundvierzigtausend, Basel (ein)hundertfünfundsiebzigtausend, Genf (ein)hundertdreiundsiebzigtausend, Bern (ein)hundertachtundzwanzigtausend, Wien eine Million fünfhundertneununddreißigtausend, Graz zweihundertachtunddreißigtausend, Linz zweihundert(und)dreitausend, Salzburg (ein)hundertundvierundvierzigtausend, Innsbruck (ein)hundertachtzehntausend

Übung 8: Die größte Stadt Österreichs ist Wien, die zweitgrößte ist Graz, und die drittgrößte ist Linz. Die größte Stadt der Schweiz ist Zürich, die zweitgrößte ist Basel, und die drittgrößte ist Genf. Die größte Stadt der Bundesrepublik Deutschland ist Berlin, die zweitgrößte ist Hamburg, und die drittgrößte ist München.

Übung 9: 1. Dortmund und Düsseldorf stehen an der sieb(en)ten und neunten Stelle … 2. Bern steht an der vierten Stelle der Städte in der Schweiz. 3. Salzburg und Innsbruck stehen an der vierten und fünften Stelle der Städte in Österreich. 4. Wien und Graz stehen an der ersten und zweiten Stelle der Städte in Österreich. 5. Leipzig und Dresden stehen an der vierzehnten und fünfzehnten Stelle der Städte in der Bundesrepublik.

Übung 10: Bern ist die viertgrößte Stadt der Schweiz. Stuttgart ist die achtgrößte Stadt der Bundesrepublik Deutschland. Leipzig ist die vierzehntgrößte Stadt Deutschlands. Salzburg ist die viertgrößte Stadt Österreichs. Innsbruck ist die fünftgrößte Stadt Österreichs. Dresden ist die fünfzehntgrößte Stadt Deutschlands. Essen ist die sechstgrößte Stadt Deutschlands. Graz ist die zweitgrößte Stadt Österreichs.

Übung 11: 1. Zürich ist ungefähr doppelt so groß wie Basel. 2. Köln ist ungefähr doppelt so groß wie Nürnberg. 3. Frankfurt ist ungefähr doppelt so groß wie Zürich. 4. Berlin ist ungefähr sechsmal so groß wie Dortmund. 5. Köln ist ungefähr viermal so groß wie Graz. 6. Wien ist ungefähr dreizehnmal so groß wie Innsbruck.

Übung 12: zweier; Erstere hat 660 000, Letztere 622 000 Einwohner. dreier; Erstere; Letztere

Übung 13: Vierziger-Birne 2. Hunderter-Birne 3. ein 82er (= zweiundachtziger) Wein 4. ein rüstiger Achtziger 5. eine freundliche Siebzigerin 6. eine Sechser-Buskarte 7. ein Fünfer 8. ein Zwanziger 9. die Siebzigerjahre / siebziger Jahre 10. ein Vierer 11. ein Zweier

Übung 14: 1. vielerlei; dreifacher; Dreierlei; tausenderlei; eineinhalbmal (oder: anderthalbmal); keinerlei 2. Dreifache; Zehnerlei 3. zweimal; dritten Mal (oder: drittenmal) 4. dreifachen; allerlei 5. vielfachen 6. zigmal 7. dreifache 8. zweifacher (oder: zweierlei)

Übung 15: 1. den 2. den 3. am 4. den 5. vom 6. der 7. den 8. vom

Übung 16: 1. Karl der Fünfte; Maximilians des Ersten 2. Ludwig der Vierzehnte; Ludwig dem Vierzehnten 3. Friedrich der Zweite; Friedrich Wilhelms des Ersten; Friedrichs des Ersten 4. Ludwig den Sechzehnten

Übung 17: halb sechs, siebzehn Uhr dreißig; zwanzig nach zwölf, zwölf Uhr zwanzig; Viertel zehn / Viertel nach neun, neun Uhr fünfzehn; zehn vor zwölf, elf Uhr fünfzig; drei (Minuten) vor Mitternacht, dreiundzwanzig Uhr siebenundfünfzig; dreiviertel acht / Viertel vor acht, neunzehn Uhr fünfundvierzig; zwanzig (Minuten) vor drei, vierzehn Uhr vierzig; drei (Minuten) nach Mitternacht, null Uhr drei; dreiviertel eins / viertel vor eins, null Uhr fünfundvierzig

Übung 18: siebzehn Mark zwanzig; neun Mark fünfundsiebzig; dreihundertsechsundsiebzig Mark achtundachtzig; (ein)tausendzweiundzwanzig Mark und sieben Pfennig; fünfhundertsechsunddreißigtausenddreihundertsieben Mark; eine Million vierundfünfzigtausendneunhundertvierzig Mark

Übung 19: Vier und/plus sieben ist/gleich elf; neun weniger/Minus fünf ist/gleich vier; siebzehn weniger/minus acht ist/gleich neun; sechsundachtzig und/plus vierzehn ist/gleich (ein)hundert; neun mal / multipliziert mit siebzehn ist/gleich (ein)hundertdreiundfünfzig; vierundachtzig durch / geteilt durch / dividiert durch zwölf ist/gleich sieben; siebenundsechzig mal / multipliziert mit vierundvierzig ist/gleich zweitausendneunhundertachtundvierzig; neunundneunzig durch / geteilt durch / dividiert durch elf ist/gleich neun

Übung 20: ... entzogen, weil er erstens zu schnell gefahren war, zweitens 0,4 (null Komma vier) Promille Alkohol im Blut hatte, drittens die Kreuzung ... überfahren hatte und viertens ... Fahrzeuge beschädigt hatte. (Er war erstens ..., er hatte zweitens ..., er hatte drittens ... und viertens hatte er ...)

§ 39

Übung 1: 1. freundliche; alte; kleine 2. freundlichen; alten; kleinen 3. freundlichen; alten; kleinen 4. freundlichen; alte; kleine 5. alte; kleine; große; wegen dieses alten Esels / jener kleinen Hexe / manches großen Kamels; von diesem alten Esel / jener kleinen Hexe / manchem großen Kamel; für diesen alten Esel / jene kleine Hexe / manches große Kamel 6. dunkle; nasse; tiefe; oberhalb dieses dunklen Waldes / jener nassen Wiese / des tiefen Tals; gegenüber diesem dunklen Wald / jener nassen Wiese / dem tiefen Tal; durch diesen dunklen Wald / jene nasse Wiese / das tiefe Tal 7. teure;

goldene; wertvolle; statt des teuren Mantels / der goldenen Halskette / des wertvollen Schmuckstücks; mit dem teuren Mantel / der goldenen Halskette / dem wertvollen Schmuckstück; ohne den teuren Mantel / die goldene Halskette / das wertvolle Schmuckstück 8. freche; mutige; vergessliche; wegen desselben frechen Jungen / derselben mutigen Frau / desselben vergesslichen Mädchens; bei demselben frechen Jungen / derselben mutigen Frau / demselben vergesslichen Mädchen; für denselben frechen Jungen / dieselbe mutige Frau / dasselbe vergessliche Mädchen

Übung 2: 1. linken; linken Politiker; linken Politikern; linken Politiker 2. rechten; rechten Parteien; rechten Parteien; rechten Parteien 3. schweren; schweren Lastwagen; schweren Lastwagen; schweren Lastwagen 4. engen; zu engen Schuhe; zu engen Schuhen; zu engen Schuhe 5. jungen; sämtlicher jungen Männer; sämtlichen jungen Männern; sämtliche jungen Männer 6. alten; beiden alten Freunden; beiden alten Freunden; beide alten Freunde

Übung 3: (Ü1) 1. die freundlichen Herren / alten Damen / kleinen Mädchen 2. wegen der freundlichen Herren / alten Damen / kleinen Mädchen 3. mit den freundlichen Herren / alten Damen / kleinen Mädchen 4. ohne die freundlichen Herren / alten Damen / kleinen Mädchen 5. diese alten Esel; jene kleinen Hexen; manche großen Kamele; wegen dieser großen Esel / jener kleinen Hexen / mancher großen Kamele; von diesen alten Eseln / jenen kleinen Hexen / manchen großen Kamelen; für diese alten Esel / jene kleinen Hexen / manche große Kamele 6. diese dunklen Wälder; jene nassen Wiesen; die tiefen Täler; oberhalb dieser dunklen Wälder / jener nassen Wiesen / der tiefen Täler; gegenüber diesen dunklen Wäldern / jenen nassen Wiesen / der tiefen Täler ; durch diese dunklen Wälder / jene nassen Wiesen / die tiefen Täler 7. die teuren Mäntel; die goldenen Halsketten; die wertvollen Schmuckstücke; statt der teuren Mäntel / goldenen Halsketten / wertvollen Schmuckstücke; mit den teuren Mänteln / goldenen Halsketten / wertvollen Schmuckstücken; ohne die teuren Mäntel / goldenen Halsketten / wertvollen Schmuckstücke 8. dieselben frechen Jungen / mutigen Frauen / vergesslichen Mädchen; wegen denselben frechen Jungen / mutigen Frauen / vergesslichen Mädchen; bei denselben frechen Jungen / mutigen Frauen / vergesslichen Mädchen; für dieselben frechen Jungen / mutigen Frauen / vergesslichen Mädchen
(Ü2) 1. der linke Politiker; trotz des linken Politikers; von dem linken Politiker; über den linken Politiker 2. die rechte Partei; wegen der rechten Partei; mit der rechten Partei; ohne die rechte Partei 3. der schwere Lastwagen; infolge des schweren Lastwagens; zwischen dem schweren Lastwagen; durch den schweren Lastwagen 4. der zu enge Schuh; trotz des zu engen Schuhs; mit dem zu engen Schuh; ohne den zu engen Schuh 5. der junge Mann; trotz des jungen Mannes; von dem jungen Mann; gegen den jungen Mann 6. der alte Freund; von dem alten Freund; für den alten Freund

Übung 4: 1. ein treuer Hund; wegen eines treuen Hundes; außer einem treuen Hund; durch einen treuen Hund 2. ein tiefes Tal; wegen eines tiefen Tals; außer einem tiefen Tal; durch ein tiefes Tal 3. ein falscher Pass; wegen eines falschen Passes; außer einem falschen Pass; durch einen falschen Pass 4. eine gefährliche Kurve; wegen einer gefährlichen Kurve; außer einer gefährlichen Kurve; durch eine gefährliche Kurve 5. ein zerbrochenes Glas; wegen eines zerbrochenen Glases; außer einem zerbrochenen Glas; durch ein zerbrochenes Glas 6. eine gute Freundin; wegen einer guten Freundin; außer einer guten Freundin; durch eine gute Freundin 7. ein wichtiger Brief; wegen eines wichtigen Briefes; außer einem wichtigen Brief; durch einen wichtigen Brief

Übung 5: 1. zerrissenes; Was soll ich mit einem zerrissenen Tischtuch? Ein zerrissenes Tischtuch kann ich … 2. kaputtes; … mit einem kaputten Auto? Ein kaputtes Auto … 3. defekter; … mit einem defekten Fernseher? Einen defekten Fernseher … 4. wackliger; … mit einem wackligen Stuhl? Einen wackligen Stuhl … 5. abgetretener; … mit einem abgetretenen Teppich? Einen abgetretenen Teppich … 6. durchgebrannte; … mit einer durchgebrannten Birne? Eine durchgebrannte Birne … 7. gehende; … mit einer ungenau gehenden Uhr? Eine ungenau gehende Uhr … 8. verbogenes;

... mit einem verbogenen Fahrrad? Ein verbogenes Fahrrad ... 9. uralter; ... mit einem uralten Kinderwagen? Einen uralten Kinderwagen ... 10. stumpfes; ... mit einem stumpfen Messer? Ein stumpfes Messer ... 11. alter; ... mit einem alten Wecker? Einen alten Wecker ... 12. veraltetes; ... mit einem veralteten Lexikon? Ein veraltetes Lexikon ...

Übung 6: 1. einem interessanten 2. schönes 3. einen freundlichen 4. einem kleinen 5. einer gefährlichen 6. einem tüchtigen 7. einen stärkeren 8. einen älteren 9. einem zuverlässigen 10. einem alten 11. eines freundlichen 12. höflicher 13. eines schweren 14. einer leichten 15. einem hilfsbereiten 16. einen schweren 17. einer kleinen 18. einen starken 19. einen guten 20. eines starken 21. intelligenter 22. kluges

Übung 7: (Ü5) 1. zerrissene Tischtücher; ... mit zerrissenen Tischtüchern? Zerrissene Tischtücher ... 2. kaputte Autos; ... mit kaputten Autos? Kaputte Autos ... 3. defekte Fernseher; ... mit defekten Fernsehern? Defekte Fernseher ... 4. wacklige Stühle; ... mit wackligen Stühlen? Wacklige Stühle ... 5. abgetretene Teppiche; ... mit abgetretenen Teppichen? Abgetretene Teppiche ... 6. durchgebrannte Birnen; ... mit durchgebrannten Birnen? Durchgebrannte Birnen ... 7. ungenau gehende Uhren; ... mit ungenau gehenden Uhren? Ungenau gehende Uhren ... 8. verbogene Fahrräder; ... mit verbogenen Fahrrädern? Verbogene Fahrräder ... 9. uralte Kinderwagen; ... mit uralten Kinderwagen? Uralte Kinderwagen ... 10. stumpfe Messer; ... mit stumpfen Messern? Stumpfe Messer ... 11. alte Wecker; ... mit alten Weckern? Alte Wecker ... 12. veraltete Lexika; ... mit veralteten Lexika? Veralte Lexika ... (Ü6) 1. mit interessanten Berichten 2. für schöne Erlebnisse 3. ohne freundliche Grüße 4. außer kleinen Kindern 5. während gefährlicher Fahrten 6. mit tüchtigen Angestellten 7. gegen stärkere Gegner 8. durch ältere Arbeiter 9. mit zuverlässigen Freunden 10. außer alten Regenschirmen 11. statt freundlicher Worte 12. höfliche Menschen 13. wegen schwerer Unfälle 14. infolge leichter Verletzungen 15. mit hilfsbereiten Schülern 16. ohne schwere Fehler 17. mit kleinen Pausen 18. durch starke Schläge

19. für gute Zwecke 20. infolge starker Stürme 21. intelligente Jungen 22. kluge Mädchen

Übung 8: 1. Ich möchte einen tragbaren Fernseher. Tragbare Fernseher gibt es ... 2. ... eine vollautomatische Waschmaschine. Vollautomatische Waschmaschinen ... 3. ... eine unzerbrechliche Milchflasche. Unzerbrechliche Milchflaschen ... 4. ... ein waschbares Schaffell. Waschbare Schaffelle ... 5. ... ein einbändiges Wörterbuch. Einbändige Wörterbücher ... 6. ... ein rundes Tischtuch. Runde Tischtücher ... 7. ... eine wasserdichte Taschenlampe. Wasserdichte Taschenlampen ... 8. ... einen lila Möbelstoff. Lila Möbelstoffe ... 9. ... ein rosa Handtuch. Rosa Handtücher ... 10. ... ein buntes Kopftuch. Bunte Kopftücher ... 11. ... eine echte Perlenkette. Echte Perlenketten ... 12. ... einen dreiflammigen Gasherd. Dreiflammige Gasherde ...

Übung 9: 1. Wo ist denn mein altes Fahrrad? Dein altes Fahrrad habe ich ... / Dein altes Fahrrad ist ... 2. Wo ist denn (eigentlich) dein gestreiftes Kleid? Mein gestreiftes Kleid habe ich / ist ... 3. Wo ist denn euer wertvoller Teppich? Unseren wertvollen Teppich haben wir ... / Unser wertvoller Teppich ist ... 4. Wo ist denn (eigentlich) eure chinesische Vase? Unsere chinesische Vase haben wir / ist ... 5. Wo ist denn Ihr kranker Hund? Meinen kranken Hund habe ich ... / Mein kranker Hund ist ... 6. Wo ist denn eure gestrige Zeitung? Unsere gestrige Zeitung haben wir / ist ... 7. Wo sind denn Ihre herrlichen Bilder? Meine herrlichen Bilder habe ich / sind ... 8. Wo ist denn (eigentlich) dein zweites Auto? Mein zweites Auto habe ich / ist ... 9. Wo ist denn Ihre antike Tischlampe? Meine antike Tischlampe habe ich / ist ...

Übung 10: Was hast du mit deinem eleganten Wagen / mit deinem schnellen Motorrad / mit deiner alten Wohnung / mit deinem vielen Geld / mit deinem früheren Vertrag / mit deiner schwarzen Katze / mit deinen alten Möbeln / mit deinen seltenen Briefmarken / mit deinem hübschen Garten / mit deiner zweiten Garage gemacht? Was hast du ohne deinen eleganten Wagen / ohne dein schnelles Motorrad / ohne deine alte Wohnung / ohne dein vieles Geld / ohne deinen früheren Vertrag / ohne deine schwarze Katze / ohne deine alten Möbel / ohne deine seltenen Briefmarken / ohne deinen hübschen Garten / ohne deine zweite Garage gemacht? (alle anderen Possessivpronomen haben die gleichen Endungen)

Übung 11: 1. wegen ihrer frechen Bemerkung/Bemerkungen 2. trotz unserer wiederholten Anfrage/Anfragen 3. wegen seines interessanten Berichts / seiner interessanten Berichte 4. trotz seines unfreundlichen Briefes / seiner unfreundlichen Briefe 5. wegen ihres kranken Kindes / ihrer kranken Kinder 6. während unserer langen Reise/Reisen 7. wegen seiner ungenauen Aussage/Aussagen 8. trotz ihrer hohen Rechnung/Rechnungen

Übung 12: Hier steht 1. kühler Saft. 2. roter Wein. 3. kalter Sekt. 4. eisgekühltes Wasser. 5. echter Obstsaft. 6. warme Milch. 7. erfrischende Limonade 8. schwarzer Tee. 9. starker Kaffee. 10. frisches Brot. 11. leckerer Kuchen. 12. gesalzene Butter. 13. geräucherter Speck. 14. kalter Braten. 15. heiße Suppe.

Übung 13: (zum Beispiel) Ich bewirte meine Gäste mit kühlem Bier, nicht mit warmer Milch. … mit frischem Brot und gesalzener Butter, nicht mit leckerem Kuchen und heißer Suppe.

Übung 14: Nehmen Sie doch bitte noch 1. ein Glas kühlen Saft! 2. ein Glas roten Wein! 3. ein Glas kalten Sekt! 4. ein Glas eisgekühltes Wasser! 5. ein Glas echten Obstsaft! 6. eine Tasse warme Milch! 7. ein Glas erfrischende Limonade! 8. eine Tasse schwarzen Tee! 9. eine Tasse starken Kaffee! 10. eine Scheibe frisches Brot! 11. ein Stück leckeren Kuchen! 12. ein Stückchen gesalzene Butter! 13. eine Scheibe geräucherten Speck! 14. eine Scheibe kalten Braten! 15. einen Teller heiße Suppe!

Übung 15: 1. Wessen hübsche Tasche ist das? Das ist Ilses hübsche Tasche. 2. Wessen alter Hut ist das? Das ist Alberts alter Hut. 3. Wessen warmer Mantel ist das? Das ist Utas warmer Mantel. 4. Wessen gelbe Mütze ist das? Das ist Ruths gelbe Mütze. 5. Wessen hölzernes Armband ist das? Das ist Giselas hölzernes Armband. 6. Wessen wollener Schal ist das? Das ist Richards wollener Schal. 7. Wessen weiße Handschuhe sind das? Das sind Ingeborgs weiße Handschuhe. 8. Wessen blaue Jacke ist das? Das ist Hans' blaue Jacke. 9. Wessen brauner Kamm ist das? Das ist Inges brauner Kamm. 10. Wessen kleiner Kalender ist das? Das ist Michaels kleiner Kalender.

Übung 16 a: 1. Gib mir Ilses hübsche Tasche! Ich bing' sie ihr. 2. Gib mir Alberts alten Hut! Ich bring' ihn ihm. 3. Gib mir Utas warmen Mantel! Ich bring' ihn ihr. 4. Gib mir Ruths gelbe Mütze! Ich bring' sie ihr. 5. Gib mir Giselas hölzernes Armband! Ich bring' es ihr. 6. Gib mir Richards wollenen Schal! Ich bring' ihn ihm. 7. Gib mir Ingeborgs weiße Handschuhe! Ich bring' sie ihr. 8. Gib mir Hans' blaue Jacke! Ich bring' sie ihm. 9. Gib mir Inges braunen Kamm! Ich bring' ihn ihr. 10. Gib mir Michaels kleinen Kalender! Ich bring' ihn ihm.

Übung 16 b: 1. Was machst du mit Ilses hübscher Tasche? Ich will sie ihr bringen. 2. Was machst du mit Alberts altem Hut? Ich will ihn ihm bringen. 3. … Utas warmem Mantel? … ihn ihr … 4. … Ruths gelber Mütze? … sie ihr … 5. … Giselas hölzernem Armband? … es ihr … 6. … Richards wollenem Schal? … ihn ihm … 7. … Ingeborgs weißen Handschuhen? … sie ihr … 8. … Hans' blauer Jacke? … sie ihm … 9. … Inges braunem Kamm? … ihn ihr … 10. … Michaels kleinem Kalender? … ihn ihm …

Übung 17: 1. salomonisches g) kluge 2. sauren k) unangenehmen 3. offenen b) freundlichen 4. blauen i) leichten; Schlimmes 5. goldene e) große; gegebene 6. heiterem j) unerwartetes 7. goldene f) großzügige 8. rechten n) unerklärliches; ungesetzliche 9. dunkle d) unrechtmäßigen; betrügerischen 10. rohes o) großer 11. erste c) wichtigste 12. gleicher; Gleiches mit Gleichem m) gleichen 13. große a) bestimmtes 14. grauen h) unnötigen 15. grünen l) rechten

Übung 18: 1. rotes (Ich werde wütend.) 2. seiner eigenen (die eigenen Fehler erkennen) 3. reinsten (ein Schuft durch und durch 4. hohlen (viel zu wenig) 5. verdientes (mit harter Arbeit verdient) 6. rosigem (etwas zu positiv sehen) 7. gleichen (das gleiche Ziel verfolgen)

8. leeres (unnützes Zeug reden) 9. tauben (mit seiner Meinung bei Anderen nicht ankommen) 10. reinen (eine Lage klären / etwas in Ordnung bringen) 11. schwedischen (sich im Gefängnis befinden) 12. offenen (sehend, erkennend ins Unglück laufen) 13. richtigen (die Wahrheit über etwas sagen) 14. letzten (am Ende sein) 15. linken (schlecht gelaunt sein) 16. glühenden (auf etwas sehr Dringendes warten) 17. klaren (jdm. die Wahrheit sagen) 18. schwerer (ein Krimineller) 19. siebenten (sehr glücklich sein) 20. freie (das Recht auf selbstständige Entscheidung haben) 21. halbem (nicht richtig zuhören) 22. halber (etwas fehlt einem zum Wohlbefinden)

Übung 19 a: kalifornische – spannenden – großen – nördlichen – winterliche – nachgemachten – krummen – weißem – glitzerndem – echten – wirkliche – natürliches – Notwendige – mehreren – schweren – einsames – kanadischen – Besseres – herrliche – ruhigen – richtiger – warmen – nahen – freie – langen – nutzlose – harter – große – teurem – gutes – kanadischen – ganze – wunderschöne – nächsten – frühen – schwarzen – dicker – anderes – hässlicher – brauner

Übung 19 b: lange – lange – gutes – einem – schönen – der warmen – erfrischendes – sauberem – der ersehnte – vielbeschäftigter – das ganze – diesen vielgeplagten – plötzliche – dem guten – solche – urlaubssuchenden – ganzes – starkem – süße – denjenigen – geruhsames – den dreiwöchigen – größerer – interessantem – abwechslungsreichem – erholungssuchende – geistige – ungewohnte – plötzliche – Maßvoller

Übung 19 c: südamerikanischen – afrikanischen – letzten – ökologische – brasilianischen – warnendes – zunehmender – viele – unterernährter – neue – riesige – unbewohnten – mehreren – uralten – neue – arme – unteren – schweren – ersten – reiche – zweite – geringe – darauffolgenden – schrecklichen – großer – jungen – neugesäte – unfruchtbaren – Unerwartetes – schöne – brasilianischen – schwerer – geologischen – lockerer – trockener – riesigen – sandigen – neuesten – feuchten – heißen – herabfallende – ausreichend(en) – weitausgebreitete – jahrhundertalten – weiten – vielen – ein-

ziger – tägliche – genauere – große – kleineren – schützenden – vielen – sinnvolles

§ 40

Übung 1 a: Ich werde jetzt 1. schneller schreiben als bisher. 2. deutlicher sprechen 3. genauer rechnen 4. besser zuhören 5. leiser sein 6. langsamer laufen 7. freundlicher bedienen 8. sorgfältiger arbeiten 9. vorsichtiger fahren 10. ordentlicher sein 11. mehr üben

Übung 1 b: Das stimmt, 1. er könnte vorsichtiger fahren. 2. er könnte rücksichtsvoller sein. 3. sie könnten schneller über die Straße gehen. 4. er könnte höflicher sein. 5. sie könnten heller sein. 6. sie könnte besser sein. 7. er könnte billiger sein. 8. sie könnte näher sein.

Übung 1 c: 1. Dieser Kellner ist aber nicht höflich! Stimmt, er könnte höflicher sein. 2. Dieser Kaffee ist aber nicht stark! ... er könnte stärker sein. 3. Diese Brötchen sind aber nicht frisch! ... sie könnten frischer sein. 4. Diese Suppe ist aber nicht warm! ... sie könnte wärmer sein. 5. Diese Kartoffeln sind aber nicht weich! ... sie könnten weicher sein. 6. Dieses Bier ist aber nicht kalt! ... es könnte kälter sein. 7. Dieser Pudding ist aber nicht süß! ... er könnte süßer sein. 8. Diese Äpfel sind aber nicht saftig! ... sie könnten saftiger sein.

Übung 1 d: 1. Sie könnte wärmer sein. 2. Sie könnte fester sein. 3. Er könnte leichter sein. 4. Es könnte moderner sein. 5. Er könnte billiger sein. 6. Sie könnten länger sein. 7. Sie könnte gröber sein. 8. Es könnte dicker sein. 9. Es könnte besser sein. 10. Er könnte breiter sein.

Übung 2: 1. besser; am besten 2. zuverlässiger; am zuverlässigsten 3. lieber; am liebsten 4. näher; am nächsten 5. teurer; am teuersten 6. gefährlicher; am gefährlichsten 7. wilder; am wildesten 8. lieber; am liebsten 9. freundlicher; am freundlichsten 10. schneller; am schnellsten 11. heißer; am heißesten 12. kälter; am kältesten 13. länger; am längsten 14. verbreiteter; am verbreitetsten 15. höher; am höchsten

Übung 3: 1. keinen besseren; der beste 2. keine größere; die größte 3. keinen kleineren; der kleinste 4. kein festeres; das festeste 5. keine schwereren; die schwersten 6. keine leichteren; die leichtesten 7. keinen wärmeren; der wärmste 8. keinen billigeren; der billigste 9. keinen bequemeren; der bequemste 10. keinen preiswerteren; der preiswerteste

Übung 4: Er möchte 1. hellere Lampen. 2. elegantere Möbel. 3. wertvolleres Porzellan. 4. einen breiteren Schrank. 5. einen älteren Orientteppich. 6. ein größeres Fernsehbild.

Übung 5: 1. die elegantesten Vasen. 2. die merkwürdigsten Bilder. 3. die ältesten Spielsachen. 4. die wertvollsten Gläser. 5. die verrücktesten Bierkrüge. 6. die teuersten Möbel. 7. die hübschesten Bilderrahmen. 8. die altmodischsten Stehlampen.

Übung 6: 1. größte 2. kleinste 3. höchsten 4. schnellsten 5. giftigsten 6. größte 7. tiefste 8. kleinste 9. kältesten 10. meisten 11. stürmischsten 12. kürzeste 13. längste 14. leichteste 15. weitesten 16. nächsten

Übung 7: 1. andere empfindliche Organe – eines der empfindlichsten Organe 2. andere große Dichter – einer der größten Dichter 3. andere kostbare Gefäße – eines der kostbarsten Gefäße 4. andere nützliche Erfindungen – eine der nützlichsten Erfindungen 5. andere gefährliche Viren – eines der gefährlichsten Viren 6. andere schnelle Züge – einer der schnellsten Züge 7. andere bekannte Professoren – einer der bekanntesten Professoren 8. andere gute Filme – einer der besten Filme 9. andere tolle Partys – eine der tollsten Partys 10. andere hässliche Museen – eines der hässlichsten Museen 11. andere schöne Häuser – eines schönsten Häuser 12. andere einflussreiche Männer – einer der einflussreichsten Männer

§ 41

Übung 1: 1. Ein Betrunkener ..., der zu viel Alkohol getrunken hat. 2. Ein Geschiedener ..., der seine Ehe gesetzlich hat auflösen lassen. 3. Ein Staatenloser ..., der keine Staatsangehörigkeit besitzt. 4. Ein Taubstummer ..., der nicht hören und nicht sprechen kann. 5. Ein Weiser ..., der klug, vernünftig und lebenserfahren ist. 6. Ein Überlebender ..., der bei einer Katastrophe mit dem Leben davongekommen ist. 7. Ein Vorsitzender ..., der eine Partei, einen Verein o.ä. leitet. 8. Ein Lahmer ..., der sich nicht bewegen kann. 9. Ein Auszubildender ..., der eine Lehre macht. 10. Ein Vorgesetzter ..., der anderen in seiner beruflichen Stellung übergeordnet ist.

Übung 2: 1. Ein Weißer ..., der eine helle Hautfarbe hat. 2. Ein Farbiger ..., der eine dunkle Hautfarbe hat. 3. Ein Verstorbener ..., der gestorben ist. 4. Ein Gefangener ..., der sich nicht frei bewegen darf. 5. Ein Reisender ..., der auf Reisen ist. 6. Ein Abwesender ..., der abwesend ist. 7. Ein Anwesender ..., der da ist. 8. Ein Arbeitsloser ..., der keinen Arbeitsplatz hat. 9. Ein Einäugiger ..., der nur ein Auge hat. 10. Ein Schuldiger ..., der sich schuldig gemacht hat.

Übung 3: 1. Weiße sind Menschen mit einer hellen Hautfarbe. 2. Farbige ..., die ... besitzen. 3. Verstorbene ..., die ... sind. 4. Gefangene ..., die ... dürfen. 5. Reisende ..., die ... sind. 6. Abwesende ..., die ... sind. 7. Anwesende ..., die da sind. 8. Arbeitslose ..., die ... haben. 9. Einäugige ..., die ... haben. 10. Schuldige ..., die ... haben.

Übung 4: Betrunkener – Betrunkene – Leidtragenden – Reisenden – Jugendliche – Toter – Verletzte – Schwerverletzter – Angestellter – Tote – Verwandter – Schuldigen – Betrunkenen

§ 42

Übung 1: 1. die gestrige Nachricht 2. das morgige Wetter 3. die hiesige Stadtverwaltung 4. die dortigen Beamten 5. die heutige Jugend 6. die obigen Zeilen 7. das jetzige Wissen 8. die bisherigen Versuche

Übung 2: oftmals – vorsichtshalber – folgendermaßen – Normalerweise – verständlicherweise – dummerweise – bestenfalls

Übung 3: Es handelt sich um 1. erstaunlich große Hochhäuser. 2. eine unglaublich hohe Miete. 3. einen allgemein bekannten Schauspieler. 4. ein rot lackiertes Auto. 5. ein gut erzogenes Kind. 6. ein unvollständig und nicht sachgerecht renoviertes Haus. 7. eine mühsam entstandene Einigung. 8. eine fehlerhaft konstruierte Maschine. 9. allzu oberflächlich behandelte Vorschriften. 10. im allgemeinen regelmäßig zahlende Mieter. 11. schnell wachsende Bäume. 12. ein haushoch verlorenes Spiel unserer Fußballmannschaft. 13. eine haushoch verlierende Fußballmannschaft. 14. eine ungeschickt argumentierende Zigarettenindustrie. 15. einen von dem Richter ungerecht verurteilten Angeklagten. 16. ein schwer verletzt ins Krankenhaus gebrachtes Unfallopfer. 17. eine besonders leicht zu kochende Suppe. 18. überhaupt nicht oder nur schwer zu lösende Probleme.

§ 43

Übung 1: 1. mir 2. Ihrer 3. ihm 4. ihr 5. mir 6. deinem 7. mir 8. ihm; ihnen; ihm 9. den; ihnen 10. mir; ihnen 11. mir; ihr; Den 12. mir; mir

§ 44

Übung 1: 1. mit; darüber 2. nach; an; über; auf 3. bei; für; zu; gegenüber 4. über; über; von 5. in; darüber; auf; gegenüber; mit; davon 6. an; vor; für; von; bei 7. von; von; in (bei); von; zu 8. vor; auf; von

§ 45

Übung 1: 1. Ich wollte die Teller spülen, aber sie waren schon gespült. 2. ... es war schon weggeräumt. 3. ... sie waren schon geputzt. 4. ... sie waren schon gemacht. 5. ... sie waren schon gebügelt. 6. ... sie waren schon zur Reinigung gebracht. 7. ... er war schon gesaugt. 8. ... sie waren schon gegossen 9. ... sie waren schon gewischt. 10. ... es war schon zubereitet.

Übung 2: 1. ... zu kaufen! Sie sind schon gekauft. 2. ... abzubestellen! Sie ist schon abbestellt. 3. ... einzupacken! Sie sind schon eingepackt. 4. ... abzustellen! Sie ist schon abgestellt. 5. ... abzuschalten! Sie sind schon abgeschaltet. 6. ... zu informieren. Er ist schon informiert. 7. ... zu verschließen. Sie ist schon verschlossen. 8. ... abzugeben. Sie sind schon abgegeben. 9. ... zu rufen. Es ist schon gerufen.

Übung 3: 1. ... geröntgt? Ja, er ist schon geröntgt. 2. ... geschrieben? Ja, er ist schon geschrieben. 3. ... gemessen? Ja, er ist schon gemessen. 4. ... gewogen? Ja, sie ist schon gewogen. 5. ... abgenommen? Ja, es ist schon abgenommen. 6. ... gereinigt? Ja, sie ist schon gereinigt. 7. ... benachrichtigt? Ja, er ist schon benachrichtigt. 8. ... ausgeschrieben? Ja, es ist schon ausgeschrieben.

§ 46

Übung 1: 1. die eine Bank ausräumenden Gangster 2. die die Banditen jagenden Polizisten 3. die durch ein Kellerfenster aus der Haftanstalt ausbrechenden Häftlinge 4. die überall nach den Entflohenen suchenden Wärter 5. die über die Dächer der Häuser fliehenden Gefangenen 6. die das Gangsterauto verfolgenden Hubschrauber 7. die rücksichtslos über die Kreuzungen fahrenden Verfolgten 8. die unter einer Brücke übernachtenden Entflohenen 9. die die Spuren der Gangster verfolgenden Spürhunde 10. die mit einem Flugzeug nach Südamerika entfliehenden Gangster

Übung 2: 1. eine aus einem einzigen Stein herausgearbeitete drei Meter hohe Figur 2. ein in einem Moor gefundenes 5000 Jahre altes Skelett 3. eine bei einem Brand aus dem Kirchturm der Stadt gestürzte zehn Zentner schwere Glocke 4. ein Bild der 1944 durch einen Bombenangriff zu 80 % zerstörten Stadt 5. eine von dem Begründer der Stadt vor 1200 Jahren mitgebrachte Bibel 6. eine der Stadt von einem reichen Kunstfreund geschenkte wertvolle Porzellansammlung 7. im vorigen Jahrhundert zur Herstellung von Textilien verwendete Geräte und Maschinen 8. ein von einem Bürger der Stadt 1909 erfundener Telegraphenapparat

9. eine aus 100000 Streichhölzern zusammengebaute Nachbildung des alten Rathauses
10. ein großes, von einem Künstler der Stadt aus farbigen Glasstückchen zusammengesetztes Mosaik

Übung 3: 1. Die in langen Wetterbeobachtungsreihen festgestellten Ergebnisse reichen … 2. Im Gegensatz zu dem südlich der Alpen vorherrschenden sonnigen und trockenen Klima ist es … 3. In den vom Wetterdienst in Offenbach ausgegebenen Vorhersagen hieß es … 4. Ein von den Küsten Südenglands nach Südosten ziehendes Tiefdruckgebiet wird … 5. Die am 8. August in Berlin registrierte Niederschlagsmenge betrug … 6. Das ist ein seit 100 Jahren nicht mehr erreichter, einsamer Rekord. 7. Dagegen gab es in Spanien eine über fünf Wochen mit Höchsttemperaturen von 30 bis 40 Grad anhaltende Schönwetterperiode. 8. Die allgemeine Wetterlage dieses Sommers zeigte von Süden nach Norden um 25 Grad voneinander abweichende Temperaturen.

Übung 4: 1. Über die Kosten des Schadens, der durch die Beschädigung einer Gasleitung entstanden ist, können … 2. Der Baggerführer Anton F., der bei seiner Firma wegen seiner Sorgfalt und Vorsicht bekannt ist, streifte bei Ausgrabungsarbeiten eine Gasleitung, die in offiziellen Plänen nicht eingezeichnet (worden) war. 3. Das Gas, das sofort ausströmte, entzündete sich an einem Zigarettenstummel, der von einem Fußgänger weggeworfen worden war und noch brannte. 4. Bei der Explosion wurden drei Kinder, die in der Nähe spielten, von herumfliegenden … 5. Der Krankenwagen, der telefonisch herbeigerufen wurde, musste aber nicht die Kinder, sondern die alte Dame, die zufällig vorüberging / vorübergegangen war, ins Krankenhaus bringen, wo sie …

Übung 5: 1. … ein mit beiden Augen in jeweils verschiedene Richtungen schielender Löwe. 2. Er bot einen derart zum Lachen reizenden Anblick, dass … entdeckt und zu einem beim Fernsehpublikum von ganz Amerika beliebten Star gemacht wurde. 3. Der von Dompteuren und Tierpflegern für seine Auftritte vorbereitete Löwe stellte sich … an, dass man … nur leichtere, sein Fassungsvermögen nicht

überschreitende Aufgaben zumuten konnte, 4. was aber dem wie närrisch in den unmäßig blöden Ausdruck des Löwen verliebten Publikum nichts auszumachen schien. 5. … engagierte man kleinere, um ihre Existenz kämpfende Zirkusunternehmen. 6. Sie nahmen natürlich die sich ihnen bietende Gelegenheit mit Freuden an, 7. aber alle ihre sorgfältig eingeübten Darbietungen wurden von dem allein auf den schielenden Löwen konzentrierten Publikum glatt übersehen. 8. Auch die regelmäßig am Morgen nach der Sendung erscheinenden Kritiken erwähnten nur beiläufig die bis heute unbekannt gebliebenen Akrobaten und Clowns.

§ 47

Übung 1: 1. Von Fotografen umlagert bahnte sich der Politiker den Weg zum Rednerpult. 2. Von den Blitzlichtern der Kameraleute unbeeindruckt begann der Redner zu sprechen. 3. Auf die Statistik der zunehmenden Luftverschmutzung hinweisend begründete der Redner die Notwendigkeit härterer Gesetze. 4. Immer wieder von Beifall unterbrochen sprach der Politiker zwei Stunden lang. 5. Lebhaft diskutierend verließen die Besucher den Saal. 6. Von zahlreichen Zuhörern umringt gab der Redner noch weitere Auskünfte.

Übung 2: 1. Der Politiker bahnte sich, von Fotografen umringt, den Weg zum Rednerpult. 2. Der Redner begann, von den Blitzlichtern der Kameraleute unbeeindruckt, zu sprechen. 3. Der Redner begründete, auf die Statistik der zunehmenden Luftverschmutzung hinweisend, die Notwendigkeit härterer Gesetze. 4. Der Politiker sprach, immer wieder von Beifall unterbrochen, zwei Stunden lang. 5. Die Besucher verließen lebhaft diskutierend den Saal. 6. Der Redner gab, von zahlreichen Zuhörern umlagert, noch weitere Auskünfte.

Übung 3: 1. Meist durch Erwärmung hervorgerufen, entstehen Lawinen vorwiegend um die Mittagszeit. Lawinen entstehen, meist durch Erwärmung hervorgerufen, vorwiegend um die Mittagszeit. 2. Von den Bergen herabstürzend begraben Lawinen Jahr für Jahr zahlreiche Menschen unter dem Schnee. Lawinen begraben, von den Bergen herabstürzend, … 3. Für diese Aufgabe speziell ausgebildet haben Suchhunde schon manchen unter dem Schnee Verschütteten gefunden. Suchhunde haben, speziell für diese Aufgabe ausgebildet, … 4. Eiskalt von den Bergen des Balkans zur Adria herabwehend fegt die Bora Dächer von den Häusern, Autos von den Straßen … Die Bora, eiskalt von den Bergen des Balkans herabwehend, fegt … 5. Von Süden kommend fällt der Föhn als warmer, trockener Wind in die nördlichen Alpentäler. Der Föhn, von Süden kommend, fällt … 6. Durch negative Erfahrungen gewarnt vermeiden Ärzte bei Föhnwetter schwierige Operationen. Ärzte vermeiden, durch negative Erfahrungen gewarnt, bei Föhnwetter …

Übung 4: 1. Indem der Chef seinem Prokuristen das Papier über den Tisch reichte, meinte er: „Wir rationalisieren oder wir müssen zumachen." 2. Während er im Gras lag und mit den Augen den Wolken folgte, dachte er über den Sinn des Lebens nach. 3. Indem der Gewerkschaftsführer mit seinen Fäusten laut auf das Rednerpult trommelte, erklärte er erregt, so könne es keinesfalls weitergehen. 4. Während sie sich in den eleganten, teuren Mantel vor dem Spiegel drehte, dachte sie besorgt an ihr Konto. 5. Als man die bekannte Journalistin nach ihrer Meinung befragte, erklärte sie, auch das gegenwärtige Wirtschaftssystem werde einmal seinem Ende entgegensehen.

§ 48

Übung 1: 1. Der Sportler hat auf sein Gewicht zu achten. Er hat viel zu trainieren. Er hat gesund zu leben und auf manchen Genuss zu verzichten. 2. Der Nachtwächter hat in der Nacht seinen Bezirk abzugehen. Er hat die Türen zu kontrollieren. Unverschlossene Türen sind abzuschließen. Besondere Vorkommnisse sind sofort zu melden. 3. Der Zollbeamte hat unter bestimmten Umständen das Gepäck der Reisenden zu untersuchen. Das Gepäck verdächtiger Personen ist ggf. (= gegebenenfalls) auf Rauschgift zu untersuchen. Dabei sind u.U. (= unter Umständen) Spürhunde zu Hilfe zu neh-

men. 4. Der Autofahrer hat die Verkehrsregeln zu kennen und zu beachten. Er hat in Ortschaften die vorgeschriebene Geschwindigkeit einzuhalten. Er hat Rücksicht auf andere Verkehrsteilnehmer zu nehmen. Der Polizei, der Feuerwehr und dem Krankenwagen ist auf jeden Fall Vorfahrt zu gewähren. Er hat seinen Führerschein immer mitzuführen. Das Motoröl ist nach einer bestimmten Anzahl von Kilometern zu erneuern.

Übung 2: 1. Kann man die Helligkeit der Birnen verstellen? … die Helligkeit der Birnen ist (nicht) zu verstellen. 2. Kann man die Handtasche verschließen? … diese Handtasche ist (nicht) zu verschließen. 3. Kann man dieses Puppentheater zerlegen? … dieses Puppentheater ist (nicht) zu zerlegen. 4. Kann man diese Uhr noch reparieren? Nein, diese Uhr ist nicht mehr zu reparieren. 5. Kann man die Teile des Motors austauschen? … die Teile des Motors sind (nicht) auszutauschen. 6. Kann man diese Batterien wieder aufladen? … diese Batterien sind (nicht) wieder aufzuladen. 7. Kann man diesen Videorecorder programmieren? … dieser Videorecorder ist (nicht) zu programmieren. 8. Kann man diesen Ball aufblasen? … dieser Ball ist (nicht) aufzublasen.

Übung 3: 1. …, Energie ist aus Wind zu erzeugen. – …, dass sich Energie aus Wind erzeugen lässt, … 2. Textilreste sind zu … Papier zu verarbeiten. – dass sich Textilreste zu … verarbeiten lassen, … 3. Motoren sind mit Pflanzenöl zu betreiben – dass sich Motoren mit … betreiben lassen 4. Häuser sind mit Sonnenwärme … zu beheizen – dass sich Häuser mit … beheizen lassen 5. große Mengen von Kupfer … sind aus … zu gewinnen – dass sich große Mengen … gewinnen lassen 6. Autoabgase sind durch … zu entgiften – dass sich Autoabgase durch … entgiften lassen 7. Heizgas ist aus Müll zu gewinnen – dass sich Heizgas aus … gewinnen lässt 8. der Strombedarf ist nicht … mit Hilfe des Wassers zu decken – dass sich der Strombedarf nicht … decken lässt 9. Zuschüsse für eine Solaranlage sind … zu bekommen – dass sich Zuschüsse … bekommen lassen 10. der Spritverbrauch der Autos ist … herabzusetzen – dass sich der Spritverbrauch … herabsetzen lässt

Übung 4: 1. Lebensmittel können nach dem Ablauf des Verfallsdatums nicht mehr verkauft werden. – ... sind nach dem Ablauf des Verfallsdatums nicht mehr zu verkaufen. 2. Mein altes Fahrrad kann noch gut verwendet werden. – ... ist noch gut zu verwenden. 3. Die genaue Zahl der Weltbevölkerung kann nicht festgestellt werden. – ... ist nicht festzustellen. 4. Der Fehler ... konnte nicht gefunden werden. – ... war nicht zu finden. 5. Lebensmittel können in Kühlhäusern auch über längere Zeit frisch gehalten werden. – Lebensmittel sind ... frisch zu halten. 6. Salz kann problemlos in Wasser gelöst werden. – Salz ist ... zu lösen. 7. ..., können die finanziellen Probleme mit Sicherheit gelöst werden. – ..., sind die finanziellen Probleme mit Sicherheit zu lösen. 8. ... Motoren können mit dem Öl von Pflanzen betrieben werden. – ... sind ohne weiteres ... zu betreiben. 9. ..., kann von dem einfachen Bürger nicht nachgeprüft werden. – ..., ist von dem einfachen Bürger nicht nachzuprüfen. 10. Die Anlage einer Mülldeponie in einem wasserreichen Gebiet kann nicht verantwortet werden. – ... ist nicht zu verantworten.

Übung 5: 1. Lebensmittel lassen sich ... nicht mehr verkaufen. – Lebensmittel sind ... nicht mehr verkäuflich. 2. Mein altes Fahrrad lässt sich noch gut verwenden. – ... ist noch gut verwendbar. 3. Die genaue Zahl der Weltbevölkerung lässt sich nicht feststellen. – ... ist nicht feststellbar. 4. Der Fehler lässt sich nicht finden. – ... ist nicht auffindbar. 5. Lebensmittel lassen sich ... auch über längere Zeit frisch halten. – ... sind ... haltbar. 6. Salz lässt sich ... problemlos lösen. – ... ist ... löslich. 7. ..., lassen sich finanzielle Probleme mit Sicherheit lösen. – ..., sind ... lösbar. 8. ... lassen sich mit ... betreiben. – ... sind ... betreibbar. 9. ..., lässt sich von dem einfachen Bürger nicht nachprüfen. – ... ist ... nachprüfbar. 10. Die Anlage einer Mülldeponie ... lässt sich nicht verantworten. – ... ist unverantwortlich.

§ 49

Übung 1: 1. ein nicht mehr zu reparierendes Gerät. 2. eine nicht zu heilende Krankheit. 3. ein sofort zu erledigender Auftrag. 4. anzuer-

kennende Bemühungen 5. eine zu befürchtende negative Entwicklung. 6. eine zu erwartende Besserung der wirtschaftlichen Lage. 7. eine nicht aufzuhaltende Invasion von Insekten. 8. ein nicht zu beseitigender Schaden 9. eine nicht zu verantwortende Entscheidung. 10. ein sofort zu bildendes Komitee.

Übung 3: 1. ..., die in den nächsten Jahrzehnten erwartet werden muss – die in den nächsten Jahrzehnten zu erwarten ist – Infolge der in den nächsten Jahrzehnten zu erwartenden Erhöhung des Meeresspiegels ... 2. ..., die nach den neuesten Erkenntnissen leicht vermieden werden können – die nach den neuesten Erkenntnissen leicht zu vermeiden sind – die nach den neuesten Erkenntnissen leicht zu vermeidenden ökologischen Fehler ... 3. ..., die mit den vorhandenen Mitteln nicht identifiziert werden können – die mit den vorhandenen Mitteln nicht zu identifizieren sind – die sich ständig mit neuen, mit den vorhandenen Mitteln nicht zu identifizierenden Grippeviren beschäftigen. 4. ..., die allzu schnell erraten werden können – die allzu schnell zu erraten sind – oft allzu schnell zu erratende Aufgaben ... 5. ..., der an einer bestimmten Stelle angekreuzt werden muss – der an einer bestimmten Stelle anzukreuzen ist – um den an einer bestimmten Stelle anzukreuzenden Firmennamen. 6. ..., die leicht bearbeitet werden können – die leicht zu bearbeiten sind – unkomplizierte, leicht zu bearbeitende Steuererklärungen ... 7. ..., die vernichtet werden mussten – die zu vernichten waren – die zu vernichtenden Akten ... 8. ..., das beim besten Willen nicht bewältigt werden konnte – das beim besten Willen nicht zu bewältigen war – ein beim besten Willen nicht zu bewältigendes Problem. 9. ..., die nur im Labor erreicht werden können – die nur im Labor zu erreichen sind – von nur im Labor zu erreichenden Erkenntnissen ... 10. ..., die weder verkauft noch exportiert werden können – die weder zu verkaufen noch zu exportieren sind – viele Tonnen von weder zu verkaufenden noch zu exportierenden Tomaten und Gurken ... 11. ..., das in kürzester Zeit vernichtet werden muss – das in kürzester Zeit zu vernichten ist – das in kürzester Zeit zu vernichtende Gemüse ... 12. ..., die nicht geleugnet werden kann – die nicht zu leugnen ist –

Diese nicht zu leugnende Verschwendung von Lebensmitteln …

Übung 4: 1. … können ökologische Schäden, die kaum jemals wieder gutgemacht werden können (die kaum jemals wieder gutzumachen sind), entstehen. 2. … sind … nur Verdickungen des Zellgewebes, die ohne Schwierigkeiten operativ entfernt werden können (die ohne Schwierigkeiten operativ zu entfernen sind). 3. … hat man an einigen Stellen auf dem Fabrikgelände, die besonders gekennzeichnet werden müssen (die besonders zu kennzeichnen sind), … aufgestellt. 4. Chemische oder medizinische Experimente, die von unparteiischen Kollegen nicht wiederholt werden können (die von unparteiischen Kollegen nicht zu wiederholen sind), haben … 5. … schlug eine Firma vor, ein 25 Meter hohes Gerüst, das an der Rückwand des Gebäudes aufgestellt werden kann (das an der Rückwand … aufzustellen ist), zu liefern. 6. Wegen eines Fehlers eines Chirurgen, der nicht restlos aufgeklärt werden kann (der nicht restlos aufzuklären ist), litt … 7. Die Ergebnisse des Chemikers, die leicht bewiesen werden können (die leicht zu beweisen sind), überzeugten … 8. Aufgrund von Tatsachen, die nicht widerlegt werden können (die nicht zu widerlegen sind), bewies …

§ 50

Übung 1: Mit Eckermann, seinem bewährten Mitarbeiter, führte … 2. Goethe schieb „Die Leiden des jungen Werthers", einen Roman in Briefen, nach … 3. Die ersten Alphabete, vielleicht die größten Erfindungen der Menschheit, kamen … 4. Deutsch, eine der germanischen Sprachgruppe zugehörige Sprache, wird … 5. Innerhalb der germanischen Sprachen, einer Sprachgruppe in der Familie der indoeuropäischen Sprachen, finden … 6. „Alles Leben ist Leiden" ist ein Wort Arthur Schopenhauers, eines der bekanntesten deutschen Philosophen des vorigen Jahrhunderts. 7. Von Ortega y Gasset, einem spanischen Philosophen, stammt … 8. Robert Koch, dem Begründer der bakteriologischen Forschung, wurde … 9. Der Dieselmotor, eine nach seinem Erfinder Rudolf Diesel benannte Verbrennungskraftmaschine, setzte …

sich … 10. Am 28. Februar 1925 begrub man den erst 54-jährigen Friedrich Ebert, den ersten Präsidenten der Weimarer Republik. 11. Die Tier und Pflanzenbilder Albrecht Dürers, des berühmten Nürnberger Malers und Graphikers, zeichnen sich … 12. Am Samstag, dem 1. Januar 1983 jährte sich …

§ 51

Übung 1: 1. schon 2. Sogar 3. besonders 4. sogar 5. ganz 6. aber 7. ja; besonders (überhaupt; ganz) 8. Selbst 9. schon 10. ganz

§ 53

Übung 1: 1. ich rechnete usw.; ich hätte gerechnet usw. (weitere Personalformen siehe Tabelle) 2. ich arbeitete, hätte gearbeitet 3. ich reiste ab, wäre abgereist 4. ich sollte, hätte gesollt 5. ich schaltete aus, hätte ausgeschaltet 6. ich telefonierte, hätte telefoniert 7. ich lernte, hätte gelernt 8. ich kletterte, wäre geklettert

Übung 2: 1. ich nähme, hätte genommen 2. ich äße, hätte gegessen 3. ich schlüge, hätte geschlagen 4. ich schlösse, hätte geschlossen 5. ich flöge, wäre geflogen 6. ich führe ab, wäre abgefahren 7. ich fröre, hätte gefroren 8. ich erführe, hätte erfahren 9. ich riefe, hätte gerufen 10. ich ginge weg, wäre weggegangen

Übung 3: 1. ich dürfte, hätte gedurft 2. ich dächte, hätte gedacht 3. ich wüsste, hätte gewusst, 4. ich brächte um, hätte umgebracht 5. ich sendete ab, hätte abgesendet/abgesandt

Übung 4: 1. du stündest, hättest gestanden 2. es verdürbe, wäre verdorben 3. sie widerstünden, hätten widerstanden 4. wir hätten gegrüßt, hätten gegrüßt 5. sie würde verhaftet, wäre verhaftet worden 6. du erwidertest, hättest erwidert 7. sie hätten geredet, hätten geredet 8. er hätte sich gefreut, hätte sich gefreut 9. sie wollten reden, hätten reden wollen 10. ich wollte, ich hätte gewollt 11. er schnitte, hätte geschnitten 12. sie klingelten, hätten geklingelt 13. er handelte, hätte gehandelt 14. ihr wandertet, wärt gewandert 15. ich fasste zusammen, hätte zusammengefasst 16. du reistest ab, wärst abgereist 17. ich hätte abreisen müssen, hätte abreisen müssen 18. sie wären geschlagen worden, wären geschlagen worden

§ 54

Übung 1:   1. Wenn er doch käme! 2. Wenn es hier doch nicht so dunkel wäre! 3. Wenn ich bloß nicht solche Angst hätte! 4. Wenn ich doch nur nicht so lange warten müsste! 5. Wenn ich nur etwas mehr Zeit hätte! 6. Wenn er doch schon abführe (abfahren würde)!

Übung 2:   1. Wenn du mir doch gesagt hättest, dass … 2. Wenn ich doch gewusst hätte, dass … 3. Wenn ich doch Zeit gehabt hätte, Spanisch … 4. Wenn du mir doch geschrieben hättest, was … 5. Wenn ich doch genug / doch mehr Geld gespart hätte um …

Übung 3:   (Ü1) 1. Käme er doch! 2. Wäre es doch hier nicht so dunkel! 3. Hätte ich bloß nicht solche Angst! 4. Müsste ich doch nur nicht so lange warten! 5. Hätte ich nur etwas mehr Zeit! 6. Führe er doch schon ab! (Würde er doch schon abfahren!)
(Ü2) 1. Hättest du mir doch nur gesagt, dass … 2. Hätte ich doch nur gewusst, dass … 3. Hätte ich doch nur Zeit gehabt … 4. Hättest du mir doch geschrieben, was … 5. Hätte ich doch genug Geld gespart …

Übung 4:   1. Wenn ich doch zu der Ausstellung fahren könnte! (Könnte ich doch … fahren!) 2. Wenn du mich doch besucht hättest, als du … (Hättest du mich doch besucht, als du …) 3. Wenn er doch bei diesem schlechten Wetter nicht auf eine Bergtour gegangen wäre! (Wäre er doch bei … gegangen!) 4. Wenn er doch hiergeblieben wäre! (Wäre er doch hiergeblieben!) 5. Wenn ich doch informiert worden wäre! (Wäre ich doch informiert worden!) 6. Wenn ich doch schneller fahren dürfte! (Dürfte ich doch schneller fahren!) 7. Wenn ich doch nicht von der Polizei angehalten würde! (Würde ich doch von der Polizei nicht angehalten!) 8. Wenn wir doch nicht mehr so weit fahren müssten! (Müssten wir doch … fahren!)

9. Wenn wir doch bald da wären! (Wären wir doch bald da!) 10. Wenn er doch der Stadt nicht sein ganzes Vermögen geschenkt hätte! (Hätte er doch der … geschenkt!) 11. Wenn mein Bruder doch auf der Party gewesen wäre! (Wäre mein Bruder … gewesen!) 12. Wenn er doch Zeit gehabt hätte zu kommen! (Hätte er doch Zeit gehabt zu kommen!)

Übung 5:   1. Wenn sie doch deutlicher / nicht so undeutlich spräche! 2. Wenn die Fernsehsendung doch früher / nicht so spät käme! 3. Wenn der Busfahrer doch langsamer / nicht so schnell führe! 4. Wenn ich doch mehr / nicht so wenig Geld verdiente! 5. Wenn er das Radio doch leiser / nicht so laut stellte! 6. Wenn das Zimmer doch billiger / nicht so teuer wäre!

Übung 6:   Es wäre besser, 1. wenn der Angestellte pünktlich zum Dienst käme / kommen würde. 2. wenn der Angeklagte die volle Wahrheit sagte / sagen würde. 3. wenn die Stadt Radwege baute / bauen würde. 5. wenn du neue Reifen für dein Auto kauftest / kaufen würdest. 6. wenn sie zum Arzt ginge / gehen würde und sich untersuchen ließe / lassen würde. 7. wenn er sich eine neue Brille kaufte / kaufen würde. 8. wenn der Motorradfahrer einen Schutzhelm trüge / tragen würde.

Übung 7:   Es wäre besser gewesen, wenn 1. der Angestellte … gekommen wäre. 2. der Angeklagte … gesagt hätte. 3. die Stadt … gebaut hätte. 4. der Hausbesitzer hätte … reparieren lassen. 5. du … gekauft hättest. 6. sie … gegangen wäre und sich hätte untersuchen lassen. 7. er sich … gekauft hätte. 8. der Motorradfahrer … getragen hätte.

Übung 8:   (Ü6) Es wäre besser, 1. der Angestellte käme pünktlich zum Dienst / würde pünktlich zum Dienst kommen. 2. der Angeklagte sagte die volle Wahrheit / würde die volle Wahrheit sagen. 3. die Stadt baute Radfahrwege / würde … bauen. 4. der Hausbesitzer ließe das Dach reparieren. 5. du kauftest neue Reifen / würdest … kaufen. 6. sie ginge zum Arzt und ließe sich untersuchen / und würde sich untersuchen lassen. 7. er kaufte sich eine neue Brille / würde … kaufen. 8. der Motorradfahrer trüge einen Schutzhelm / würde … tragen.

(Ü7) Es wäre besser gewesen, 1. der Angestellte wäre pünktlich zum Dienst gekommen. 2. der Angeklagte hätte die volle Wahrheit gesagt. 3. die Stadt hätte Radfahrwege gebaut. 4. der Hausbesitzer hätte das Dach reparieren lassen. 5. du hättest dir neue Reifen für dein Auto gekauft. 6. sie wäre zum Arzt gegangen und hätte sich untersuchen lassen. 7. er hätte sich eine neue Brille gekauft. 8. der Motorradfahrer hätte einen Schutzhelm getragen.

Übung 9: 1. Wenn der Fahrgast einen Fahrschein gehabt hätte / Hätte der Fahrgast einen Fahrschein gehabt, hätte er nicht vierzig Mark Strafe zahlen müssen. 2. Wenn der Ausländer den Beamten nicht falsch verstanden hätte / Hätte der Ausländer … nicht falsch verstanden, wäre er nicht in den falschen Zug gestiegen. 3. Wenn sich die beiden Drähte berührten (berühren würden) / Berührten sich die beiden Drähte (Würden sich … berühren), gäbe es einen Kurzschluss. 4. Wenn es genügend Laborplätze gäbe / Gäbe es genügend Laborplätze, könnten alle Bewerber Chemie studieren. 5. Wenn ich für die Ziele der Demonstranten wäre / Wäre ich für die Ziele der Demonstranten, ginge ich zur Demonstration. 6. Wenn du nicht das verdorbene Fleisch gegessen hättest / Hättest du nicht … gegessen, wäre dir nicht schlecht geworden. 7. Wenn der Apotheker eine Alarmanlage installiert hätte / Hätte … installiert, hätten Diebe nicht unbemerkt eindringen und bestimmte Medikamente mitnehmen können. 8. Wenn die Feuerwehr den Brand sofort gelöscht hätte / Hätte … gelöscht, wären nicht so viele Häuser von den Flammen zerstört worden.

Übung 12: 1. sonst/andernfalls wäre ihm das Regenwasser in die Wohnung gelaufen. 2. sonst/andernfalls hätte ich dich durch die Polizei suchen lassen. 3. sonst/andernfalls hätte es eine Explosion gegeben und die teure Apparatur wären zerstört worden. 4. sonst/andernfalls hätte sie den normalen Fahrpreis zahlen müssen 5. sonst/andernfalls wäre ich nicht so spät zu dir gekommen. 6. sonst/andernfalls wären alle verhungert 7. sonst/andernfalls wären wir bei dir vorbeigekommen. 8. sonst/andernfalls

hätte ihn der Arzt nicht mehr behandelt. 9. sonst/andernfalls wäre er nicht mehr zu retten gewesen. 10. sonst/andernfalls wäre das Kind erstickt.

Übung 13: 1. Wenn du mir die Vokabeln abfragen würdest, tätest du mir einen großen Gefallen. 2. Wenn du mich von der Bahn abholen würdest, brauchte ich kein Taxi zu nehmen. 3. Er würde viel Geld sparen, wenn er etwas sparsamer heizte. 4. Wir besuchten ihn, wenn wir seine Adresse kennen würden. 5. Wenn sie ihn hinrichten würden, empörte sich das Volk gegen die Regierung. 6. Wenn du das Buch lesen würdest, wüsstest du Bescheid. 7. Wenn man in der Stadt Bäume pflanzte, würde man die Luft verbessern und die Stadt verschönern. 8. Wenn ich sein Geburtsdatum kennen würde, gratulierte ich ihm jedes Jahr.

Übung 14: 1. als ob/wenn er einen großen Fisch an der Leine hätte. 2. als ob/wenn seine Schüler alle schwerhörig wären. 3. als ob/wenn Haus und Garten ihm gehörten / gehören würden. 4. als ob/wenn er ganz unschuldig wäre. 5. als ob/wenn er von einer Tarantel gestochen worden wäre. 6. als ob/wenn er eine Spazierfahrt machte / machen würde. 7. als ob/wenn er mich in Stücke reißen wollte. 8. …, als ob/wenn sie das schon tausendmal geübt hätte.

Übung 15: 1. als hätte er einen großen Fisch an der Leine. 2. als wären seine Schüler alle schwerhörig. 3. als gehörten Haus und Garten ihm / würden … gehören. 4. als wäre er ganz unschuldig. 5. als wäre er von einer Tarantel gestochen worden. 6. als machte er eine Spazierfahrt / würde … machen. 7. als wollte er mich in Stücke reißen. 8. …, als hätte sie das schon tausendmal geübt.

Übung 17: 1. … schrie, als ob er ein kleines Kind wäre. 2. … Untermieter, als ob er ein naher Verwandter wäre. 3. … aus, als ob er ein Bettler wäre. 4. … aus, als ob er ein Millionär wäre. 5. … Auto, als ob er noch nie ein Automobil gesehen hätte. 6. Er schaute mich an, als ob er mich nicht verstanden hätte. 7. … an, als ob er noch nie einen Motor auseinandergenommen hätte. 8. … Angestellten, als ob er ein dummer Junge wäre.

Übung 18: 1. als dass er noch Spitzenleistungen erbringen könnte. 2. als dass ihr sie ohne Seil machen könntet. 3. als dass sie die Strecke an einem Tag schaffen könnten. 4. als dass sie noch tanzen wollten. 5. als dass wir dort wohnen könnten. 6. als dass das Laufen noch Spaß machen würde. 7. als dass die Schüler sie lösen könnten. 8. als dass ich es mir ins Zimmer hängen wollte. 9. als dass ich sie noch einmal machen würde. 10. als dass ich es mir ansähe / ansehen würde.

Übung 19: 1. Der Schwimmer war … zu alt. Er konnte keine … erbringen. – Der Schwimmer war … zu alt, als dass er noch Spitzenleistungen hätte erbringen können. 2. Diese Bergwanderung war zu gefährlich. Ihr konntet … machen. – Diese Bergwanderung war zu gefährlich, als dass ihr sie ohne Seil hättet machen können. 3. Die Tour war zu weit. Sie konnten … nicht … schaffen. Die Tour war zu weit, als dass sie die Strecke an einem Tag hätten schaffen können. 4. Die Wanderer waren zu müde. Sie wollten nicht … tanzen. Die Wanderer waren zu müde, als dass sie noch hätten tanzen wollen. 5. Das Hotel war zu teuer. Wir konnten … nicht wohnen. Das Hotel war zu teuer, als dass wir dort hätten wohnen können.

Übung 20: 1. dass man im Badeanzug auf der Terrasse hätte liegen können. 2. dass er ganz groß ausbauen könnte. 3. dass man eine ganze Kompanie Soldaten damit hätte ausrüsten können. 4. dass man sich zwei Mittelklassewagen dafür kaufen könnte. 5. dass man sich darin verlaufen könnte. 6. dass drei Familien darin Platz finden könnten. 7. dass man mit einem Fläschchen eine ganze Stadt vergiften könnte. 8. dass man Zeitung hätte lesen können.

Übung 21: 1. ohne dass er ihn untersucht hätte. 2. ohne dass er ein Wort darüber verloren hätte. 3. ohne dass lange über den Preis verhandelt worden wäre. 4. ohne dass sie noch einmal zurückgeschaut hätte. 5. ohne dass er jemals wieder ein Lebenszeichen von sich gegeben hätte. 6. ohne dass diese dafür zur Verantwortung gezogen würden. 7. ohne dass wir sie darum gebeten hätten. 8. ohne dass es ihm einen Augenblick leid getan hätte.

Übung 22: 1. Nein, aber er hätte es beinah(e)/fast verloren. 2. Nein, aber ich wäre beinah(e)/fast betrogen worden. 3. Nein, aber ich wäre beinah(e)/fast verhaftet worden. 4. Nein, aber es wäre beinah(e)/fast abgestürzt. 5. Nein, aber ich hätte es beinah(e)/fast verkaufen müssen. 6. Nein, aber es wäre beinah(e)/fast untergegangen. 7. Nein, aber wir wären beinah(e)/fast zu spät gekommen.

Übung 23: 1. Sollte dieses Haus tatsächlich für 100000 Mark zu haben sein? – Ja, das dürfte stimmen. 2. Sollte er wirklich die Wahrheit gesagt haben? – Nein, das dürfte nicht die Wahrheit gewesen sein. 3. Sollte er wirklich in schlechten finanziellen Verhältnissen sein? – Ja, das dürfte leider zutreffen. 4. Sollte ich für diesen Pelzmantel wirklich 100 Mark zu viel bezahlt haben? – Ja, das dürfte annähernd stimmen. 5. Sollte der Sultan wirklich 90 Kinder gehabt haben? – Nein, es dürften nur etwa 50 gewesen sein. 6. Sollte er mich mit Absicht falsch informiert haben? – Nein, er dürfte nur wieder mal nicht aufgepasst haben. 7. Sollte der Zug wirklich schon abgefahren sein? – Ja, der dürfte schon weg sein. 8. Sollte sich der Zeuge wirklich nicht geirrt haben? – Nein, seine Aussage dürfte so ziemlich den Tatsachen entsprechen. 9. Sollte er seine Steuererklärung wirklich ungenau ausgefüllt haben? – Ja, die Angaben dürften unzutreffend gewesen sein.

Übung 24: 1. Wären Sie so freundlich mir die Waren ins Haus zu schicken? 2. Könnten Sie mir sagen, wo die Stadtverwaltung ist? 3. Könnten Sie mir bitte sagen, wie ich zum Krankenhaus komme. 4. Würden Sie mir bitte das Salz reichen? 5. Würden Sie mir bitte noch eine Scheibe Brot geben? 6. Könnten Sie mir bitte noch ein Glas Bier bringen? 7. Würden Sie mir bitte helfen den Wagen anzuschieben? 8. Könnten Sie mir sagen, ob der Eilbrief heute noch zugestellt wird? 9. Dürfte ich Sie bitten gegen 5 Uhr nochmal vorbeizukommen? 10. Würdest du bitte dieses Päckchen mit zur Post nehmen?

Übung 25: 1. mit Antenne könntest du es gut hereinbekommen. 2. ohne diese Vorschrift könnte es viele Unfälle geben. 3. sonst könnten wir heute ins Grüne fahren. 4. sonst könnte dir ein Unglück passieren. 5. damit könntest du viel Zeit sparen. 6. sonst könntest du viel mehr schaffen. 7. im Winter könnten wir das Haus damit nicht warm bekommen. 8. die Firma könnte andernfalls die Liefertermine nicht einhalten. 9. du könntest wegen Spionage verhaftet werden.

§ 55

Übung 1: vgl. Tabellen I, III und IV

Übung 2: 1. ich (stellte) würde stellen; er stelle; er habe gestellt 2. du bätest; er bitte; wir hätten gebeten 3. wir (telefonierten) würden telefonieren; ihr (telefoniertet) würdet telefonieren; sie hätten telefoniert 4. sie grüße; sie (grüßten) würden grüßen; sie hätten gegrüßt 5. ich würde eingeladen; du werdest eingeladen; du sei(e)st eingeladen worden 6. du werdest dich erkälten; sie werde sich erkälten; sie würden sich erkälten 7. ich ginge; du gehest; er sei gegangen 8. sie bete; sie (beteten) würden beten; er habe gebetet 9. sie schneide; wir (schnitten) würden schneiden; wir hätten geschnitten 10. ich (antwortete) würde antworten; er antworte; ihr (antwortetet) würdet antworten 11. er werde gewogen; wir würden gewogen; ihr seiet gewogen worden 12. sie werde sich erholt haben; ihr würdet euch erholt haben; sie würden sich erholt haben 13. du fahrest; ihr fahret; sie seien gefahren 14. ich riefe an; du rufest an; sie hätten angerufen 15. du strittest; sie streite; ihr habet gestritten 16. er sterbe; sie stürben; sie seien gestorben 17. du werdest bestraft; er werde bestraft; sie sei bestraft worden

§ 56

Übung 1: Fachleute weisen darauf hin, dass große Teile der Wälder ... von einem ... Absterben bedroht seien. Nicht nur Nadelhölzer ... würden geschädigt. Sie reagierten (würden ... reagieren) ... empfindlicher als Nadelbäume. Als ... Verursacher ... sehe man die ... Kohlekraftwerke an, die die Schadstoffe ... ableiteten (ableiten würden). Das entlaste zwar ..., doch werde die Schädigung ... in Gebiete getragen,

die ... gesund gewesen seien, denn hohe Schornsteine brächten (würden ... bringen) die Schadstoffe in ... und so könnten sie ... weit getragen werden. Gefordert würden neue Gesetze, die das Übel an der Wurzel packten (packen würden). Es müssten Anlagen vorgeschrieben werden, die die Schadstoffe herausfilterten, so dass sie nicht ... gelangen könnten.

Übung 2: Die Zeitung berichtet, dass Teile Australiens eine ... Trockenheit erlebten (erleben würden). Infolge des Regenmangels drohe ... eine Dürrekatastrophe. Neben den Farmern, die bereits ihre Ernten ... verloren hätten, spürten (würden ... spüren) ... auch die Bewohner ... den Wassermangel besonders stark. Für sie gelte eine strenge Beschränkung ... Sie dürften ihre Gärten nicht ... bewässern. Das Gießen sei ihnen ... nur noch ... erlaubt. Schläuche dürften nur ... benutzt werden. Die Geldstrafe, die auf Nichteinhaltung ... stehe, sei von ... auf 1000 Dollar erhöht worden. Zwanzig Funkwagen machten (würden ... machen) Jagd auf ... In einigen Gemeinden ... sei die Not ... so groß, dass das Wasser ... rationiert worden sei. Perioden großer Trockenheit habe es ... oft gegeben. Eine solche Katastrophe sei aber ... noch nie dagewesen.

Übung 3: Der Verteidiger sagte, man müsse, wenn man ein ... Urteil fällen wolle, die Kindheit ... des Angeklagten kennen. Als dieser drei Jahre alt gewesen sei, sei seine Mutter gestorben. Sein Vater sei ... Trinker gewesen. Der Angeklagte habe ... mit seinem Vater zusammengelebt. Eine Tante, die den Haushalt geführt habe, habe ihn nicht gemocht und (habe) ihn oft geschlagen. Als der Angeklagte sechs Jahre alt gewesen sei, habe man den ... Jungen aus dem Haushalt ... genommen und ihn in ein Waisenhaus gesteckt, wo er bis ... geblieben sei. Nach seiner Entlassung sei der Junge zu seinem Vater zurückgekehrt. Dieser habe den Jungen immer wieder zu Diebstählen ... veranlasst. Mit sechzehn Jahren sei der Jugendliche ... vor Gericht gestellt (worden) und von diesem in eine Jugendstrafanstalt eingewiesen worden. So habe der Angeklagte nie ein normales, ... Leben kennengelernt; er habe nie den Schutz und ... erfahren, die eine Familie ... biete. Das müsse bei der Verurteilung ... berücksichtigt werden.

Übung 4: Der Arzt fragte den Patienten, wie lange er schon Kopfschmerzen habe, ob die Schmerzen ständig da seien oder ob sie nur manchmal aufträten (auftreten würden), ob die Schmerzen hinter den Augen lägen (liegen würden), ob er auch nachts Kopfschmerzen habe, ob er Tabletten nehme, was für Tabletten er … genommen habe, ob der Schmerz so stark sei, dass er es ohne Tabletten nicht aushalte, was für eine Arbeit er im Büro verrichte, wie lange er … vor dem Bildschirm sitzen müsse, ob er die Möglichkeit habe, seine Tätigkeit zu wechseln. – Der Patient fragte den Arzt: „Wie oft soll ich die Tabletten nehmen? Muss ich im Bett liegen bleiben, oder darf ich … zeitweise aufstehen? Wie lange dauert die Krankheit (denn wohl), und werde ich überhaupt wieder ganz gesund?"

Übung 5: Der Turnlehrer sagte zu den Schülern, sie sollten sich … hinstellen und die Arme … strecken. Dann sollten sie die Arme … nach hinten bringen, den Kopf zurückfallen lassen und den … Körper … durchbiegen. Dann sollten sie … zurückkommen, bis sie wieder gerade stünden. Nun sollten sie den Oberkörper … herunterfallen lassen, bis der Kopf die Knie berühre. – Der Lehrer sagt zu der Schülerin: „Schließ den Mund und atme durch die Nase! Mach die Übungen ruhig mit, aber achte darauf, dass nichts weh tut! Wenn es dir zu anstrengend wird, hör' auf!" – Uta sagte zum Lehrer: „Entschuldigen Sie mich bitte, ich fühle mich nicht wohl und will (möchte) nach Hause gehen."

Übung 6: Dabei sprachen sie … über die Konzertreise des Künstlers in Spanien. „Können Sie denn Spanisch?", fragte der Engländer. „Nein", antwortete Rubinstein. „Dann haben Sie wohl Französisch gesprochen?", fragte der Engländer. „Das habe ich auch nicht", entgegnete der Künstler … „Womit haben Sie sich denn in Spanien durchgeholfen?", wollte der neugierige Herr wissen. „Mit Klavier!" erwiderte Rubinstein …

Übung 7: Ein Fuchs …, und da er gerade Hunger hatte, sagte er, er solle doch herunterkommen. Allgemeiner Friede sei unter den Tieren geschlossen worden. Er solle herabkommen und ihn küssen, denn von heute ab seien sie Brüder. Der Hahn nannte den Fuchs einen lieben Freund und entgegnete, dass das eine wunderbare Nachricht sei. Dort sehe er auch zwei Hunde herbeieilen. Sie wollten ihnen sicher auch die Friedensnachricht bringen. Dann könnten sie sich alle vier küssen. Der Fuchs rief eilig, er (der Hahn) möge entschuldigen, er habe noch einen weiten Weg. Das Friedensfest würden sie später feiern. – Der Hahn aber … lachte, es mache doch Spaß einen Betrüger zu betrügen!

Übung 8: Auf einem Dampfer … wendete sich eine Dame an den Kapitän und fragte, ob er der Kapitän sei. Der Kapitän sagte: „Ja." Die Dame fragte, ob es eigentlich gefährlich auf See sei. Der Kapitän antwortete: „Nein, zur Zeit nicht, es ist ja beinah windstill. Da wird wohl keiner seekrank." Das meine sie auch nicht, entgegnete die Dame, sie meine nur wegen der Seeminen. Der Kapitän sagte: „Da ist nichts zu befürchten, die sind alle längst weggeräumt." Aber wenn sich nun mal eine versteckt habe, fragte die Dame. Der Kapitän entgegnete: „Das kann sie nicht. Die Minen bleiben immer an der Wasseroberfläche und auch die allerletzten sind längst entdeckt und vernichtet worden. Da können Sie ganz beruhigt sein." Sie sagte, er sei ja ein Fachmann. Sicher fahre er schon lange auf dieser Strecke. Er sagte: „Ich fahre schon vier Jahre." Sie war überrascht, dass er schon so lange fährt, und fragte, wie der Kapitän geheißen habe, der früher auf diesem Schiff gefahren sei. Es sei so ein großer Blonder gewesen. Der Kapitän antwortete, dass sein Name Albers gewesen sei. Sie erwiderte, daran könne sie sich noch gut erinnern, und fragte, ob er noch lebe. Der Kapitän verneinte bedauernd: „Nein, Albers ist schon lange tot." Die Dame meinte, das sei schade, und fragte, woran er denn gestorben sei. „Die Reisenden haben ihn totgefragt", entgegnete der Kapitän und ließ die … Dame stehen.

Übung 9: Eine junge Ärztin erzählte, dass vor einiger Zeit eine Mutter mit einem … Säugling zu ihr gekommen sei. Das Kind sei … blau im Gesicht gewesen und habe schwer geatmet. Nach einer … Untersuchung habe sie feststellen können, dass … Diphtherie vorgelegen habe. Nachdem sie, weil ihr andere Instrumente gefehlt hätten, das Rasiermesser … ihres Kochs desinfiziert habe, habe sie einen Schnitt gewagt. Das … Blut habe die Mutter in … Aufregung versetzt. Sie habe … geschrien, die Ärztin töte ihr Kind, sie schlachte es wie ein Schaf. Viele Einwohner … seien … herbeigelaufen, so dass sie das Schlimmste für ihr Leben und das des Kindes habe fürchten müssen. Zum Glück sei der Weg … steil und steinig gewesen und als die Leute an ihrem Zelt angekommen seien, habe das Kind … wieder ruhig geatmet und (habe) seine … Gesichtsfarbe zurückgewonnen. Seitdem behandelten (würden … behandeln) die Dorfbewohner sie wie eine Heilige und es sei schwierig, sie … zu überzeugen, dass sie keine Toten erwecken könne.

Übung 10: Ein Pilot berichtet, dass genau um 23.37 Uhr, als sich ihre Maschine … über … des Taunus befunden habe, die Stewardess … ihm aufgeregt mitgeteilt habe, einem Passagier sei schlecht geworden, er sei ganz bleich und sein Kopf liege auf … seines Sessels. Er habe seinen Kollegen, Flugkapitän Berger, in den Passagierraum geschickt. Nach kurzer Zeit sei Berger zurückgekommen und habe berichtet, dass der Mann erschossen worden sei. Wahrscheinlich sei eine Pistole mit Schalldämpfer benutzt worden, denn niemand habe etwas gehört. Diese Nachricht habe er sofort an die Bodenstationen … weitergegeben. Die Antworten hätten … gelautet, er solle ruhig weiterfliegen und (solle) alles genau beobachten lassen. Im Augenblick könnten sie ihm nichts Genaues sagen. Die Polizei sei informiert worden. In den nächsten … Stunden habe sich nichts ereignet, aber kurz vor der Landung … seien zwei … Männer in der Tür … erschienen, hätten ihre Pistolen auf ihn und Kapitän Berger gerichtet und befohlen, sie sollten sich nicht bewegen. Sie könnten wählen, entweder hielten sie sich an ihre Befehle oder sie würden erschossen. Das Ziel der Reise sei Tripolis. Die Maschine werde … gesprengt, wenn sie nicht ihre Befehle befolgten / befolgen würden. Er sei ganz ruhig gewesen, weil er sich vorher … alles überlegt habe. Ironisch habe er gefragt, was sie denn mit der Leiche machten / machen würden, wenn sie landeten / landen würden. Diese Frage habe die Leute stutzig gemacht. Der eine habe dem an-

deren befohlen, … zu gehen und nachzusehen. Es sei ihm gelungen, den hinter ihm stehenden Luftpiraten zu Fall zu bringen, indem er die Maschine auf die Seite gelegt habe. Kapitän Berger habe den Augenblick nutzen können, den Mann zu entwaffnen. Der zweite habe keinen Widerstand mehr geleistet, nachdem er gesehen habe, dass sein Komplize bereits gefesselt gewesen sei.

Übung 11: Professor B. führte aus, es handle sich bei dem Angeklagten um einen … einfältigen Menschen. Seine Antworten … ließen auf schwere Störungen im häuslichen Bereich schließen. So habe er auf die Frage, ob seine Eltern ihn oft geschlagen hätten, mit der Gegenfrage geantwortet, welche Eltern er meine. Den mit den grauen Haaren hasse er, aber die beiden Frauen … besuchten (würden … besuchen) ihn manchmal im Gefängnis und brächten (würden … mitbringen) ihm Kaugummi mit. Offensichtlich sei der Angeklagte in derart ungeordneten Familienverhältnissen aufgewachsen, dass nur äußere Anhaltspunkte … in ihm … Erinnerungen wachriefen. In einem so gestörten Hirn … glitten (würden … ineinandergleiten) Erinnerungen und … ineinander, Fakten verlören an Realität und unwichtige Eindrücke nähmen … einen bedeutenden Platz ein. An die Geschworenen gewandt, erklärte der Professor, sie sollten beachten, dass ein Mensch, der nicht angeben könne, wer seine Eltern seien, für ein Verbrechen, das er unter Alkoholeinfluss begangen habe, … nicht oder nur unter der Bedingung strafmildernder Umstände verantwortlich gemacht werden dürfe.

§ 58

Übung: Durch – für – Für – Wider – Bis – für – um – um – bis – entlang – um – Für – ohne – gegen – bis – gegen – um

§ 59

Übung 1: Seit – mit – Nach – Ab – Außer – aus – nach – bei

Übung 2: samt – Dank – gegenüber – entgegen

Übung 3: Gemäß – Dank – Außer – Entgegen – außer – ab

§ 60

Übung 1: (keine Präp.) – Im – (keine Präp.) – Am – Im – am – Am – in – Am – In – Am –

Übung 2: in – Im – Im – am – (keine Präp.) – In – Im – Im – am

Übung 3: in – in – an – am – in – in – am – am – in – im – im – am – im – in – am – am – in – in – in – in – im

Übung 4: 1. Wo liegen denn die Fotos? In der Schublade! Du weißt doch, ich lege sie immer in die Schublade. 2. Wo hängt denn die Jacke? An der Garderobe! …, ich hänge sie immer an die Garderobe. 3. Wo steht denn der Besen? In der Ecke! …, ich stelle den Besen immer in die Ecke. 4. Wo sitzt denn die Puppe? Auf dem Stuhl! …, ich setzte die Puppe immer auf den Stuhl. 5. Wo hängt denn der Schlüssel? Neben der Tür! …, ich hänge den Schlüssel immer neben die Tür. 6. Wo steht denn der Wecker? Auf dem Nachttisch! …, ich stelle den Wecker immer auf den Nachttisch. 7. Wo hängt denn das Handtuch? Neben dem Waschbecken! …, ich hänge das Handtuch immer neben das Waschbecken. 8. Wo liegen denn die Schallplatten? Im Schrank! …, ich lege die Schallplatten immer in den Schrank. 9. Wo sitzt denn der Vogel? Im Käfig! …, ich setze den Vogel immer in den Käfig.

Übung 5: 1. Ich habe die Fotos doch in die Schublade gelegt! Ja, sie haben vorhin noch in der Schublade gelegen! 2. Ich habe die Jacke doch an die Garderobe gehängt! Ja, sie hat vorhin noch an der Garderobe gehangen! 3. Ich habe den Besen doch in die Ecke gestellt! Ja, er hat vorhin noch in der Ecke gestanden! 4. Ich habe die Puppe doch auf den Stuhl gesetzt! Ja, sie hat vorhin noch auf dem Stuhl gesessen! 5. Ich habe den Schlüssel doch neben die Tür gehängt! Ja, er hat vorhin noch neben der Tür

gehangen! 6. Ich habe den Wecker doch auf den Nachttisch gestellt! Ja, er hat vorhin noch auf dem Nachttisch gestanden! 7. Ich habe das Handtuch doch neben das Waschbecken gehängt! Ja, es hat vorhin noch neben dem Waschbecken gehangen! 8. Ich habe doch die Schallplatten in den Schrank gelegt! Ja, sie haben vorhin noch im Schrank gelegen! 9. Ich habe den Vogel doch in den Käfig gesetzt! Ja, er hat vorhin noch im Käfig gesessen!

Übung 6: 1. … in die Hosentasche gesteckt? Nein, in der Hosentasche steckt er nicht. 2. … in den Küchenschrank gelegt? Nein, im Küchenschrank liegt er nicht. 3. … ins Portmonee gesteckt? Nein, im Portmonee steckt er nicht. 4. Auf den Schreibtisch gelegt? Nein, auf dem Schreibtisch liegt er nicht. 5. … in die Schreibtischschublade gelegt? Nein, in der Schreibtischschublade liegt er nicht. 6. … hinter die Bücher gelegt? Nein, hinter den Büchern liegt er nicht. 7. … zwischen die Seiten eines Buches gelegt? Nein, zwischen den Seiten eines Buches liegt er nicht. 8. … unter das Radio gelegt? Nein, unter dem Radio liegt er nicht. 9. … unter die Handtücher im Wäscheschrank gelegt? Nein, unter den Handtüchern im Wäscheschrank liegt er nicht. 10. … in die Aktentasche gesteckt? Nein, in der Aktentasche steckt er nicht.

Übung 7: die – das (ins) – das (ins) – den – das (ins) – die – das – das (ins) – die – das (ins) – die – den – das (ins) – den – das (ins) – die – die – den – den – den – die – den – den – die – das (ins) – die – die

Übung 8: … der runde Teppich liegt im Esszimmer und der Läufer im Flur. Der Bücherschrank steht im Wohnzimmer an der Wand neben dem Fenster; der Kleider- und der Wäscheschrank stehen im Schlafzimmer zwischen den Fenstern und der Geschirrschrank steht im Esszimmer neben der Tür. Die Garderobe steht im Flur. Der Tisch steht im Esszimmer und die Stühle stehen um den Tisch herum. Die Betten stehen im Schlafzimmer und die Nachttischchen stehen neben den Betten. Auf den Nachttischchen stehen die Nachttischlampen. Die Bücher stehen im Bücherschrank. Tassen, Teller und Gläser stehen im Geschirrschrank und die

Kleider hängen im Kleiderschrank. Die Spüle steht in der Küche zwischen Herd und Küchenschrank. Die Vorhänge hängen an den Fenstern. Die Sitzmöbel stehen im Wohnzimmer. Jetzt sitzen alle in den Sesseln und auf der Couch und ruhen sich aus.

Übung 9: an das (ans) – in die – an der – in den – an dem (am) – In dem (Im) – an der – vor dem – zwischen dem – der – auf/in die – auf den – in die – in dem (im) – in die

§ 61

Übung 1: Zeit – abseits – außerhalb – unweit – Anlässlich – inmitten – Beiderseits – unweit – Binnen

Übung 2: 1. binnen eines Monats 2. der Ordnung halber 3. Dank der Hilfe 4. unweit der Universität 5. Wegen der Nähe der Universität 6. ungeachtet der hohen Miete

Übung 3: 1. einer schweren Verletzung wegen 2. oberhalb einer gewissen Höhe 3. Ungeachtet der großen Gefahr 4. Aufgrund seiner schweren Erkrankung 5. Anstelle meines alten Freundes 6. Um des lieben Friedens willen 7. Unweit meiner alten Wohnung 8. Abseits der großen Städte 9. unterhalb der 4-Prozent-Grenze 10. innerhalb der nächsten 4 Wochen

Übung 4: 1. seine technischen Kenntnisse – dank seiner technischen Kenntnisse 2. unsere schnelle Hilfe – infolge unserer schnellen Hilfe 3. meine jüngste Schwester – anstelle meiner jüngsten Schwester 4. ihre jetzige Wohnung – unterhalb ihrer jetzigen Wohnung 5. sein langweiliger Vortrag – während seines langweiligen Vortrags 7. die erwartete gute Note – anstatt der erwarteten guten Note 8. die laute Bundesstraße – abseits der lauten Bundesstraße 9. ihr siebzigster Geburtstag – anlässlich ihres siebzigsten Geburtstags 10. seine wiederholten Wutanfälle – aufgrund seiner wiederholten Wutanfälle 11. das umzäunte Gebiet – außerhalb des umzäunten Gebiets 12. eine Meute bellender Hunde – inmitten einer Meute bellender Hunde 13. diese hohe Gebirgskette – jenseits dieser hohen Gebirgskette 14. ein selbstgebastelter Ra-

diosender – mittels eines selbstgebastelten Radiosenders 15. die zuständige Behörde – seitens der zuständigen Behörde 16. die geplante Reise – statt der geplanten Reise 17. die holländische Grenze – unweit der holländischen Grenze 18. seine schwer wiegenden Bedenken – ungeachtet seiner schwer wiegenden Bedenken 19. vorsätzlicher Mord – wegen vorsätzlichen Mordes 20. ein schwerer Unfall – infolge eines schweren Unfalls

Übung 5: 1. Anlässlich seines hundertjährigen Bestehens ... 2. ... verlief abseits der großen Straßen. 3. Trotz der großen Kälte ... 4. Wegen des starken Regens ... 5. Trotz der ungeheuren Anstrengung ... 6. Dank der vorzüglichen Organisation ...

Übung 6: 1. Infolge eines groben Konstruktionsfehlers ... 2. Während einer fröhlichen Tanzparty ... 3. Mittels eines raffinierten Tricks ... 4. Anlässlich seines siebzigsten Geburtstags ... 5. Anstelle des erkrankten Bundespräsidenten ... 6. Trotz der Bemühungen ...

Übung 7: dem – die – den – ins – dem – vom – die – die – den – die – dem – den – der – einen – der – die – den – seiner – dem – der – der – den – im – eine – der – seinen – einem – ins – die – einer – im – den – dem – ins

Übung 8: mit einem – in den – über die – ins – auf der – zum – in – mit/in – mit – vor dem – ins – im – an den – aus dem – auf dem – am – auf dem – auf das – aus dem – auf den

Übung 9: I in die Türkei, in die Schweiz, in den Sudan, in die Vereinigten Staaten, in die Niederlande, in den Bayerischen Wald, in das Hessenland, in die Antarktis, in die GUS, in die Hauptstadt der Schweiz, in den Nordteil von Kanada, in die Alpen, in das Engadin, in das Burgenland, in meine Heimatstadt II nach Kanada, nach Australien ... III auf die Insel Sylt, auf die Seychellen und die Malediven, auf die Insel Helgoland, auf den Feldberg, auf die Zugspitze, auf das Matterhorn, auf den Mont Blanc IV an den Rhein, an die Elbe, an die Ostseeküste, an den Bodensee, an die Donau, an den Mississippi, an den Amazonas, an die Landesgrenze

I In der Türkei, In der Schweiz, Im Sudan, In den Vereinigten Staaten, In den Niederlanden, Im Bayerischen Wald, Im Hessenland, In der Antarktis, In der GUS, In der Hauptstadt der Schweiz, Im Nordteil von Kanada, In den Alpen, Im Engadin, Im Burgenland, In meiner Heimatstadt II In Kanada, In Australien … III Auf der Insel Sylt, Auf den Seychellen und den Malediven, Auf der Insel Helgoland, Auf dem Feldberg, Auf der Zugspitze, Auf dem Matterhorn, Auf dem Mont Blanc IV Am Rhein, An der Elbe, An der Ostsee, Am Bodensee, An der Donau, Am Mississippi, Am Amazonas, An der Landesgrenze

Übung 10: 1. nach Spanien – in Spanien 2. in die Schweiz – in der Schweiz 3. in die Vereinigten Staaten – in den Vereinigten Staaten 4. nach Polen – in Polen 5. an den Bodensee – am Bodensee 6. auf die Insel Helgoland – auf der Insel Helgoland 7. nach Australien – in Australien 8. nach Hamburg – in Hamburg 9. in meine Heimatstadt – in meiner Heimatstadt 10. nach New York – in New York 11. auf die Zugspitze – auf der Zugspitze 12. an den Vierwaldstätter See – am Vierwaldstätter See 13. an die Atlantikküste – an der Atlantikküste 14. nach Großbritannien – in Großbritannien 15. in den Urwald – im Urwald 16. an den Äquator – am Äquator 17. zu meinem Schulfreund – bei meinem Schulfreund 18. zur Chirurgentagung – auf der Chirurgentagung 19. nach Wien – in Wien 20. zur Automobilausstellung – auf der Automobilausstellung

Übung 11: 1. zum – auf dem 2. zum – mit dem 3. zum – am 4. in den – im 5. auf den – auf dem 6. auf den – auf dem 7. zum – auf dem 8. auf die – auf der 9. ins – im 10. ins – im 11. zu meiner – bei meiner 12. auf den – auf dem 13. auf den – auf dem 14. in die / zur – in der 15. in den – im 16. zum – am 17. zu – bei 18. ins – im 19. nach – in 20. ins – im 21. auf das – auf dem 22. in den – im 23. auf die – auf der 24. an die – an der 25. an den – am 26. auf das – auf dem 27. an den – am 18. an das – am

Übung 12: I 1. in/auf mein Zimmer 2. zu meiner Freundin 3. auf die Straße 4. auf den Balkon 5. ins Kino 6. in die / zur Garage 7. in den Keller 8. in die / zur Schlucht 9. zum Arzt 10. zu Herrn Doktor Kramer 11. zu Frau Atzert 12. zu Angelika 13. ins Reisebüro 14. in die / zur Schule 15. in den / zum Unterricht 16. ins Klassenzimmer 17. zum Metzger 18. in die Bäckerei 19. ins Café 20. in die Fabrik 21. zur Polizei 22. aufs Finanzamt 23. zum Militär 24. in die Kirche 25. auf den Friedhof 26. auf die / zur Post 27. an die / zur Haltestelle 28. zum Briefkasten
II 1. auf die Zugspitze 2. in den Zug 3. in die U-Bahn 4. aufs Dach 5. auf den Aussichtsturm 6. in die Straßenbahn
III 1. nach Brasilien 2. in die Mongolei 3. nach Los Angeles 4. in ein fernes Land 5. an die Schwarzmeerküste 6. in die Wüste 7. in den Urwald 8. in den Tunnel 9. in die Oper 10. aufs Land 11. zu meinen Freunden nach Berlin
IV 1. in meine Heimatstadt 2. in den Schwarzwald 3. ins Gebirge 4. nach Dänemark 5. nach Tschechien 6. an den Nordpol 7. in die Türkei 8. nach Südamerika 9. nach Spanien

Übung 13: I 1. in meinem Zimmer 2. bei meiner Freundin 3. auf der Straße 4. auf dem Balkon 5. im Kino 6. in der / an der Garage 7. im Keller 8. in der / an der Schlucht 9. beim Arzt 10. bei Herrn Doktor Kramer 11. bei Frau Atzert 12. bei Angelika 13. im Reisebüro 14. in der / auf der Schule 15. im Unterricht 16. im Klassenzimmer 17. beim Metzger 18. in der Bäckerei 19. im Café 20. in der Fabrik 21. bei/auf der Polizei 22. auf dem Finanzamt 23. beim Militär 24. in der Kirche 25. auf dem Friedhof 26. auf der Post 27. an der Haltestelle 28. am Briefkasten
II 1. auf der Zugspitze 2. im Zug 3. in der U-Bahn 4. auf dem Dach 5. auf dem Aussichtsturm 6. in der Straßenbahn
III 1. in Brasilien 2. in der Mongolei 3. in Los Angeles 4. in einem fernen Land 5. an der Schwarzmeerküste 6. in der Wüste 7. im Urwald 8. im Tunnel 9. in der Oper 10. auf dem Land 11. bei meinen Freunden in Berlin
IV 1. in meiner Heimatstadt 2. im Schwarzwald 3. im Gebirge 4. in Dänemark 5. in Tschechien 6. am Nordpol 7. in der Türkei 8. in Südamerika 9. in Spanien

Übung 14: A: nach B: auf die C: nach D: aufs; in E: nach F: in die G: zu ihrem; nach H: zu einer; nach I: in der ; bei ihren J: in K: in L: nach;

in den M: nach N: ins O: im; auf dem P: zum;
in die Q: in den R: ins S: in; auf dem; im T: auf
einem; im U: in eine; in; in der

Übung 15: vor – (keine Präp.) – um (gegen) –
Zu – zum – zur – Bei – um – Gegen – vor – nach –
Seit – Zur – um – gegen – Zu (oder keine Präp.) –
Zu (oder keine Präp.) – (keine Präp.) (zu) – vor –
Bei – Nach – nach

Übung 16: um – Gegen – Um – vor – von –
von – um –Nach (In) – Am – um – Zu – zum –
gegen – An – im – bei – am – um – Um – In –
Gegen – Nach – Um – gegen

Übung 17: Vor – (keine Präp.) – im – An –
zum – am – Bei – am – vor – (keine Präp.) – Von –
nach – in – Im – nach

Übung 18: in – am – in – in – am – gegen –
um – in – zu – zu – zur – gegen – in – im – am –
bei – bei – in – im – in – um

§ 62

Übung 1 a: 1. Der Politiker hat bei den
Wählern Anerkennung gefunden. 2. Der Ge-
werkschaftsvertreter hat der Firmenleitung die
Schuld an den Verlusten gegeben. 3. Der polni-
sche Läufer hat einen Vorsprung von zwei Me-
tern gewonnen. 4. Ein Professor aus Rom hat
am 4.5. eine Vorlesung über Goethe gehalten.
5. Das Rote Kreuz hat bei der Rettung der
Flüchtlinge Hilfe geleistet. 6. Der Makler hat
mir ein Angebot für ein Ferienhaus gemacht.
7. Die Tante hat dem Neffen wegen seiner Un-
höflichkeit Vorwürfe gemacht. 8. Der Chef hat
am Ende der Verhandlungen eine Entscheidung getroffen. 9. Eine Textilfabrik in einer
kleinen Stadt hat 150 neue Arbeitsplätze ge-
schaffen. 10. Die Arbeit eines Kollegen hat das
Interesse des Wissenschaftlers erweckt.

Übung 1 b: 1. Peter hat die Wette angenom-
men. 2. Die Fußballfans haben beim Spiel ihrer
Mannschaft großen Schaden angerichtet.
3. Am 2. Mai hat der neue Pförtner seinen
Dienst angetreten. 4. Nach drei Jahren hat der
Schauspieler seinen Beruf aufgegeben. 5. Der
Arbeitslose hat beim Sozialamt seine Forderun-

gen durchgesetzt. 6. Der Rechtsanwalt hat gegen das Urteil Berufung eingelegt. 7. Die Studentin hat endlich die Examensarbeit bei
ihrem Professor eingereicht. 8. Nach einer langen Diskussion im Stadtparlament hat der Bürgermeister das Wort ergriffen. 9. Der Mieter hat
gegen den Hausbesitzer Anzeige erstattet.
10. Der Lastwagenfahrer hat sich bei einem Unfall schwere Verletzungen zugezogen. 11. Die
Fluggäste haben während des einstündigen Flu-
ges das Rauchen eingestellt. 12. Ein Mitarbeiter
hat der Firma durch Unterschlagungen großen
Schaden zugefügt.

Übung 1 c: 1. Er hat sich eine Erkältung geholt. 2. Sie haben dem Vogel die Freiheit gegeben. 3. Sie hat mir Vorwürfe gemacht. 4. Sie
müssen Hilfe leisten. 5. Sie müssen mit dem
Hausbesitzer einen Mietvertrag abschließen.
6. Sie stellt Nachforschungen an. 7. Er hat seinen Beruf aufgegeben. 8. Er hat eine Reparatur
ausgeführt. 9. Sie hat die Herstellung eingestellt. 10. Er muss Frieden stiften.

Übung 2 a: 1. Das Gericht hat noch keine
Entscheidung gefällt, ob ... 2. Der Vortrag des
Atomwissenschaftlers fand bei den Forschern
großes Interesse. 3. Leere Flaschen müssen ...,
damit sie wieder Verwendung finden können.
4. Viele Länder, die früher gegeneinander Krieg
führten, sind heute ... 5. Wenn die Eltern ihre
Einwilligung nicht geben, kann ... 6. Wie viele
Stunden Unterricht geben Sie ...? 7. Glauben
Sie, dass er sein Versprechen / sein Wort hält?
8. ... an die Wasseroberfläche schwimmen, um
Atem zu holen. 9. Wer ... stark beschädigt,
muss Ersatz leisten. 10. Man muss einen Unterschied machen zwischen denen, die ...
11. Noch im Hotel nahmen die Teilnehmer ...
voneinander Abschied. 12. ... wurden gebeten,
Platz zu nehmen. 13. Die Geschwister trafen
die Vereinbarung/Entscheidung, jedes Jahr ...
14. Schon ... trieben Kaufleute Handel mit Salz.

Übung 2 b: 1. Im letzten Herbst haben nur 75
Prozent der Wähler ihre Stimme abgegeben.
2. Nach langen Verhören legte der Angeklagte
ein Geständnis ab. 3. Alle Soldaten legten einen Eid auf die Fahne ab. 4. Nach zwei Jahren
schloss er endlich seine Doktorarbeit ab. 5. Die
Eltern ermahnten ihren ... Sohn, Vernunft an-

zunehmen. 6. Ein Wirbelsturm richtete in großen Teilen des Landes schwere Verwüstungen an. 7. Die Versicherungsgesellschaft stellt Nachforschungen nach dem Schiff an, das … 8. Punkt neun Uhr hat die Reisegruppe die Fahrt angetreten. 9. Sie gibt die Hoffnung auf, dass … 10. …; am neunten Tag gaben sie den Widerstand auf, da … 11. Er ist ein Typ, der alle Reparaturen selbst ausführt. 12. Er hat einen Fehler begangen, als er … 13. Der Gefangene hatte in seiner Zelle Selbstmord begangen. 14. …; dagegen hat er Beschwerde eingelegt. 15. Der Betriebsrat hat verschiedene Vorschläge … bei der Geschäftsleitung eingereicht. 16. Die Fluggäste werden … gebeten das Rauchen einzustellen. 17. Das hochverschuldete Unternehmen musste den Betrieb einstellen. 18. Viele Menschen haben aus Angst … die Flucht ergriffen. 19. Infolge des nasskalten Wetters haben sich viele Menschen eine Erkältung zugezogen. 20. Der Skirennfahrer hat sich … schwere Verletzungen zugezogen.

Übung 3: 1. über 2. auf 3. aus 4. gegen 5. auf 6. gegen 7. auf 8. mit 9. an 10. von

Übung 4: 1. Am Ende des Urlaubs nahmen die Gäste Abschied von ihren Gastgebern. 2. Wenn die Studenten keinen Antrag auf Zuschuss zum Studiengeld stellen, bekommen … 3. Ich nehme Bezug auf die Rede des Parteivorsitzenden … 4. Natürlich stellten die Arbeiter Fragen nach der Höhe des Lohnes … 5. Die Werksleitung machte sich Gedanken darüber, ob sie … 6. Die Kinder fanden so großen Gefallen an dem kleinen Hund …, dass die Eltern … 7. Der Professor führte mit der Studentin ein Gespräch über ihre Dissertation. 8. Die Skifahrer … machten sich Hoffnungen auf baldigen Schnee. 9. Die Bevölkerung … übte Kritik am städtischen Bauamt und seinen Plänen … 10. Viele Menschen nehmen anscheinend keine Notiz von der drohenden Klimakatastrophe. 11. Die Beamten legten Protest gegen die … Gehaltskürzung ein. 12. Er nahm Rache an seinen … Verwandten und schenkte … 13. Jedes der drei Kinder hat ein Recht auf einen Teil des Erbes. 14. Die Entwicklung … ist … so schnell, dass andere Länder damit kaum Schritt halten können. 15. Die Bürger wurden gefragt, ob sie zu den Plänen … Stellung nehmen wollten.

16. Juristen machen einen Unterschied zwischen den Begriffen … 17. In diesem Wald haben die Dorfbewohner einen Mord an einem Kaufmann begangen/verübt. 18. Wir müssen Vorbereitungen für unseren Umzug … treffen. 19. Mein Hausarzt legt wert darauf, dass die Patienten … 20. … sollen rationalisiert werden; dagegen wollen viele Widerstand leisten.

Übung 5: 1. Es ist nicht gut, wenn Kinder zuviel beanspruchen. 2. Jetzt muss ich (dich/Sie) aber endlich einmal etwas fragen. 3. Manche Menschen wollen immerzu andere beeinflussen. 4. Er hat mich schon zu lange kritisiert. 5. Nachdem er den Film zweimal gesehen hatte, gefiel er ihm doch. 6. Jeder Kranke muss (auf Gesundung/Heilung) hoffen, sonst … 7. Du musst nicht ständig über die Probleme anderer Leute nachdenken. 8. Für ihn bin ich völlig bedeutungslos; er hat mich noch nie beachtet. 9. Gegen diesen Unsinn müssen wir jetzt protestieren. 10. Der Sizilianer wollte sich an seinem Feind rächen. 11. Ich habe mich mit meiner Freundin verabredet. 12. Auf die Reise wollen wir uns rechtzeitig vorbereiten.

Übung 6: 1. a) nehmen b) stellen 2. a) komme b) stellen 3. a) gerate b) kommt 4. a) stehen b) stellen 5. a) stößt b) liegt 6. a) nehmen b) stoßen 7. a) brachte b) ziehen 8. a) stellte b) treten 9. a) gerät b) setzen/versetzen 10. a) gestellt b) kommen

Übung 7: 1. Ja, er stieß bei der Opposition auf Ablehnung. 2. Ja, sie wollen ihre Studie jetzt zum Abschluss bringen. 3. Ja, ich glaube, dass die Arbeit vor Jahresende zum Abschluss kommt. 4. Ja, man will eine neue Forschungsarbeit in Angriff nehmen. 5. Ja, die Hilfe von Wissenschaftlern einer anderen Fakultät soll in Anspruch genommen werden. 6. Ja, er wollte in seinem Bild den Wahnsinn des Krieges zum Ausdruck bringen 7. Ja, in dem Bild ist der Wahnsinn des Krieges deutlich zum Ausdruck gekommen. 8. Ja, sie stellt neue Erkenntnisse auf dem Gebiet der Genforschung in Aussicht. 9. Ja, es stehen ganz neue Erkenntnisse in Aussicht. 10. Ja, bei der Untersuchung der Kranken wurden auch ihre Lebensumstände in Betracht gezogen. 11. Ja, ich habe … bevor ich die Maschine in Betrieb genommen habe. 12. Ja, er

konnte seine Unschuld unter Beweis stellen.
13. Ja, er wurde unter Druck gesetzt, so dass …
14. Ja, sie kamen zu der Einsicht, dass … 15. Ja,
er nahm den Pokal gleich nach dem Spiel in
Empfang.

Übung 8: 1. Ja, sie haben ihre Gemeinschafts-
arbeit noch vor den Ferien zu Ende gebracht.
2. Ja, ich habe auch gehofft, dass er bald zum
Ende kommen würde. 3. Ja, sie konnten nicht
zu dem Entschluss kommen … 4. Doch, sie ver-
suchten etwas über die Konferenz der Außen-
minister in Erfahrung zu bringen. 5. Ja, er setzte sie mit seinen Tricks in Erstaunen. 6. Ja,
vielerlei musste in Erwägung gezogen werden,
bevor … 7. Ja, ein Teilnehmer stellte ihn in Frage. 8. Ja, eine Rücknahme des Beschlusses
kommt nicht in Frage. 9. Ja, es stimmt, dass sie
bei großer Kälte nicht in Gang kommen. 10. Ja,
wir sind bereit … Unbequemlichkeiten in Kauf
zu nehmen. 11. Ja, ein paarmal bin ich in Kon-
flikt mit der Polizei geraten. 12. Ja, es stimmt,
dass es ab nächsten Montag in Kraft treten soll.
13. Doch, es ist allgemein auf Kritik gestoßen.
14. Ja, bei einem Überfall können sie von Nutzen sein. 15. Ja, sie sind in der Versammlung
zur Sprache gekommen.

Übung 9: 1. a) Die Vorschläge … wurden im
Gemeinderat abgelehnt. b) Weil man die Sitzung beenden wollte, vertagte man … c) Bei
der nächsten Sitzung bat der Bürgermeister die
Anwesenden, die Vorschläge erneut zu diskutie-
ren. 2. a) Der Angeklagte behauptete, die Polizei habe ihn bedrängt. b) Er gab aber zu das Gesetz übertreten zu haben. c) Alle Anwesenden
staunten über das plötzliche Geständnis des
Angeklagten. 3. a) Die Verkaufsverhandlungen
wollten nicht recht anlaufen/vorangehen.
b) Natürlich sprachen die Käufer über den Um-
satz … c) Die unklaren Statistiken wurden von
ihnen kritisiert. d) Sie meinten, der Verkäufer
müsse doch daran interessiert sein, den Käu-
fern reinen Wein einzuschenken. 4. a) Der Zir-
kusclown war bekannt dafür, dass Groß und
Klein über ihn / über seine Späße lachen konnte. b) Zum Schein stritt er sich stets mit …
c) Mit einer … Prügelei schloss er die Vorstellung ab / beendete er die Vorstellung.

Übung 10: 1. den 2. der 3. die 4. der 5. der
6. den 7. die 8. der 9. dem 10. dem 11. die
12. dem 13. die 14. dem 15. den 16. dem
17. die 18. den 19. der 20. der 21. den 22. der
23. die 24. dem 25. den 26. den 27. den
28. der 29. der 30. den 31. die 32. der 33. die
34. den 35. der 36. der 37. die

Übung 11: von der Hand in den Mund – auf
die Seite – auf der Tasche – vor dem Mund – auf
die Palme – in den Wind – aus dem Weg – in
den Ohren – in den Tag – aus der Haut – vor
die Tür – in der Tinte – aus dem Fenster – ohne
den Wirt – aus dem Staub – unter die Räuber –
in die Hand – in der Suppe – auf die Finger –
um den Hals

§ 63

Übung 1: Ein Professor, der … mit dem Flugzeug nach … reisen wollte, saß … in seinem
Sessel, nachdem er … seine Sachen eingepackt
hatte, als plötzlich das Telefon klingelte. Es war
der Freund …, der schon schlafen gegangen
war und einen Traum gehabt hatte, den er …
dem Professor mitteilte: „Ich habe im Traum
ein Flugzeug mit derselben Nummer, die auf
deiner Flugkarte steht, über … abstürzen gesehen. Bitte fliege nicht ….“ Der Professor versprach dem Freund nicht zu fliegen. Als der
Professor am nächsten Morgen aufwachte, hör-
te er die Zeitungsjungen … rufen: „Flugzeug Nr.
265 abgestürzt!“ Er sprang aus dem Bett, griff
nach seiner Flugkarte und erkannte dieselbe
Nummer. Sobald er sich angezogen hatte, rannte er auf die Straße, um seinem Freund, der ihn
gewarnt hatte, zu danken. Als er um die Ecke
bog, stieß er so unglücklich mit … zusammen,
dass er stürzte und auf das Pflaster schlug. „Das
ist das Ende!“ dachte der Professor. „Mein
Freund hatte doch recht.“ Aber es kam anders:
Am späten Nachmittag erwachte er … und als
sich eine … Pflegerin über ihn beugte, war seine erste Frage: „Was ist mit den Insassen des
Flugzeugs Nr. 265 geschehen?“ – „Bitte regen
Sie sich nicht auf!“ antwortete die Krankenschwester. „Nur eine Falschmeldung! Die Maschine ist sicher gelandet.“ Bevor der Professor
wieder in Ohnmacht sank, flüsterte er: „Dann
hat sich mein Freund also geirrt.“

Übung 2: stehen lassen; ließen … stehen (Prät.) – (Schaden) anrichten; angerichtet hatten (Plusqu.) – verzeichnen; hat … verzeichnet (Perf.) – verdienen; hatte … verdient (Plusqu.) – einladen; hatte … eingeladen (Plusqu.) – feststellen; stellte … fest (Prät.) – anhalten; hatten angehalten (Plusqu.) – abstellen; war … abgestellt worden (Plusqu.) – verweisen auf; verwies auf (Prät.) – überprüft werden; sollte überprüft werden (Prät.) – angeben; gab … an (Prät.) – entdecken; hatten … entdeckt (Plusqu.) – sich befinden; befanden sich (Prät.) – erklären; erklärte (Prät.) – mitnehmen; nahmen … mit (Prät.) – sich herausstellen; stellte sich heraus (Prät.) – lügen; hatte gelogen (Plusqu.) – versuchen; hatte versucht (Plusqu.)
Das Plusquamperfekt bezeichnet vor dem Präteritum liegende, bereits abgeschlossene Handlungen, Vorgänge und Zustände.

Übung 3: Nachdem es , wie es in … oft vorkommt, vier Wochen lang … geregnet hatte, erschien … endlich die Sonne … Sogleich streckte ein Regenwurm, der … beunruhigt (gewesen) war, seinen Kopf aus dem feuchten Boden heraus. Bevor er sich noch richtig wärmen konnte, entdeckte er … einen zweiten Regenwurm, den er, wie er wohl wusste, noch nie vorher gesehen hatte. Trotzdem verbeugte er sich tief und begann folgende … Rede: „Lieber Herr Nachbar, als wir uns vor 14 Tagen … getroffen haben, konnte ich Ihnen meinen Gruß und … nicht sagen, denn leider muss man sich dort unten immer mit Fressen beschäftigen, und mit vollem Mund darf niemand sprechen, der … gut erzogen worden ist. Jetzt aber darf ich Sie … begrüßen und um Ihre Freundschaft bitten (oder: … begrüßen und bitte Sie um Ihre Freundschaft)." In ähnlicher Weise redete er … fort, beklagte sich über die Schweigsamkeit … und fragte ihn nach Namen und …, bis der zweite Regenwurm … sein Geschwätz unterbrach und mürrisch antwortete: „Quatsch doch nicht …!"

Übung 4: Ein Blinder bekam von der Frau eines Freundes, der vor … gestorben war, 500 Mark geschenkt. Der Blinde hatte niemals … an ein so unverhofftes Geschenk gedacht und deshalb wollte er das Geld, wie es so viele arme Leute tun, in seinem Garten verstecken. Nachdem er ein … Loch gegraben (hatte) und seinen Schatz verpackt (hatte) und hineingelegt hatte, verließ er sehr zufrieden den Ort … Während dieser Arbeit hatte ihn ein Nachbar … beobachten können. Der diebische Mensch stieg in der … Nacht in den Garten … und nahm das Geld an sich. Als der Blinde am Morgen entdeckte, dass sein Schatz gestohlen worden war, wollte er … sterben. Aber Not macht erfinderisch. Er ging zu seinem Nachbarn, den er verdächtigte, und sagte: „Herr Nachbar, Sie müssen mir in einer … Angelegenheit nachdenken helfen. Vor einiger Zeit sind mir von einem Freund 1000 Mark gegeben worden, die ich für ihn verstecken sollte. Aus Angst … habe ich die Hälfte an einem sicheren Ort eingegraben. Ich wollte Sie fragen, ob es gut wäre, wenn ich auch den Rest an die gleiche Stelle lege?" Selbstverständlich riet der Nachbar … zu dem gleichen Versteck, aber sobald der Blinde in sein Haus zurückgekehrt war, brachte der Nachbar, der die ganze Summe haben wollte, das … Geld in den Garten des Blinden zurück. Kurze Zeit darauf grub der Blinde seinen Schatz glücklich wieder aus.